.

Kaum eine andere deutsche Stadt wurde von so vielen namhaften Dichtern besungen wie Heidelberg. Seit der Gründung der Universität im Jahr 1386 zog die Stadt poetische Talente und dichterische Größen an und entlockte ihnen schwärmerische Verse. Goethe pries ihre ideal wirkende Einbettung zwischen Neckar, Odenwald und Rheintal; Hölderlin rühmte sie als der »Vaterlandsstädte Ländlichschönste«; Eichendorff fühlte sich in ihr wie in eines »Märchens Bann« und erfuhr, was Studentenleben und was Liebe heißt – wie vor ihm Martin Opitz und nach ihm Gottfried Keller.

Der Band vereinigt zwölf der schönsten Heidelberg-Gedichte aus der Zeit zwischen 1620 und 1960 und dokumentiert somit prägende Heidelberg-Erfahrungen aus vier Jahrhunderten, die in das Bild der noch immer bezaubernden Studentenstadt eingeflossen sind. Die Gedichte werden von Kennern und Liebhabern knapp erläutert und interpretiert.

insel taschenbuch 1939
Heidelberg im Gedicht

HEIDELBERG IM GEDICHT

Zwölf Gedichte und Interpretationen
Herausgegeben von Helmuth Kiesel
unter Mitarbeit von Sabine Franke
und Roman Luckscheiter
Mit zahlreichen Abbildungen
Insel Verlag

insel taschenbuch 1939
Erste Auflage 1996
Originalausgabe
© Insel Verlag Frankfurt am Main und Leipzig 1996
Alle Rechte vorbehalten
Text- und Bildnachweise am Schluß des Bandes
Vertrieb durch den Suhrkamp Taschenbuch Verlag
Umschlag nach Entwürfen von Willy Fleckhaus
Satz: Hümmer GmbH, Waldbüttelbrunn
Druck: Nomos Verlagsgesellschaft, Baden-Baden
Printed in Germany

1 2 3 4 5 6 – 01 00 99 98 97 96

HEIDELBERG IM GEDICHT

Das Heidelberger Schloß.
Aquarellierte Federzeichnung von Goethe, 1820.

EINE HOMMAGE AN DIE STADT HEIDELBERG
AUS ANLASS IHRER 800-JAHR-FEIER 1996
IM NAMEN
DER LITERARISCHEN GESELLSCHAFT PALAIS BOISSERÉE
UND
DER FIRMA BASF AKTIENGESELLSCHAFT
LUDWIGSHAFEN

Vorwort des Herausgebers

Wohl keine andere deutsche Stadt wurde von so vielen namhaften Dichtern besungen wie Heidelberg. Eine Sammlung, welche die Heidelberg-Gedichte aller Autoren von literaturgeschichtlichem Rang enthielte, wäre sehr viel umfangreicher als diese kleine Anthologie, die neben den berühmtesten einige besonders bemerkenswerte Heidelberg-Gedichte gegenwärtig machen und bedenken will: als Hommage an die vielbesungene Stadt aus Anlaß ihrer 800-Jahr-Feier und als Vademecum für alle, die ihr Herz an Heidelberg verloren haben und vielleicht nicht so recht wissen, an was eigentlich und warum.

Die 800-Jahr-Feier der Stadt Heidelberg errechnet sich aus der ersten namentlichen Erwähnung von »Heidelberch« in einer Urkunde aus dem Jahr 1196, die darauf schließen läßt, daß an dem so bezeichneten Ort – in der unmittelbaren Nachbarschaft von sehr viel älteren Ansiedlungen – seit neuerem ein größeres Gemeinwesen mit vermutlich städtischem Charakter bestand. In der zweiten Hälfte des 14. Jahrhunderts wurde dieses »Heidelberch« zur Residenzstadt der Pfalzgrafen. Sie zählten seit 1356 zu den (zunächst sieben) Kurfürsten des Heiligen Römischen Reiches Deutscher Nation und stellten im territorial zersplitterten Südwesten eine führende Macht dar. Im Jahr 1386 wurden der bereits erreichte Rang und der zukünftige Anspruch der neuen Residenzstadt durch die Gründung der ersten Universität im engeren deutschen Raum (nach Prag 1348 und Wien 1365) gefestigt und gesteigert. Von da an zog Heidelberg über sechs Jahrhunderte lang fast unentwegt poetische Talente und dichterische Größen an und entlockte ihnen huldigende Verse.

Die Reihe der namhaften Heidelberg-Gedichte beginnt

mit zwei Liedern von Oswald von Wolkenstein aus den Jahren 1427/28. Oswald, der dem Pfalzgrafen und Kurfürsten Ludwig III. verbunden war und zu den bedeutendsten deutschen Lyrikern des späten Mittelalters zählt, kam wohl in diesen Jahren nach Heidelberg und dankte seinem Schutzherrn und Gönner mit zwei Lobliedern für vielerlei Wohltaten. Diese Loblieder bedenken, wie es sich gehörte, selbstverständlich auch die Residenz mit einigen rühmenden Worten, das zweite sogar mit zwei besonders emphatischen Versen, die gleichsam den Auftakt der Heidelberg-Dichtung bilden:

> *Ich rüm dich haidelwerg,*
> *lob oben vf dem berg*
> …
> *Ich preis dich, Heidelberg,*
> *dort oben auf dem Hügel*
> …

Aber nach diesem eindrucksvollen Auftakt, der mit der erhabenen Lage der Residenz ein spezifisches Moment des gerühmten Ortes nennt, geht das Lied in ein Lob der ebenso tugendhaften wie hübschen Heidelberger Mädchen über, das durchaus konventionell wirkt und nichts mehr in den Blick rückt, was für Heidelberg in besonderer Weise charakteristisch gewesen wäre.

Dem höfischen Sänger folgt der erste Humanist, der an einer deutschen Universität als Lehrer tätig werden durfte: der im nahe gelegenen Kraichgau geborene Peter Luder, der 1456 vom Kurfürsten Friedrich I. als Lektor für lateinische Literatur und Dichtung an die kurpfälzische Universität berufen worden war und sich zwei Jahre später mit einer lateinischen Lobrede, die er in der Universität vortrug, erkenntlich zeigte. Ein Teil dieser Laudatio widmet sich der Residenzstadt, beschreibt ihre landschaftliche Situierung und rühmt noch vor dem »großartig« genannten Schloß mit seinem reich geschmückten Königssaal die bürgerliche Stadt selbst: Sie zähle nicht nur viele wohlhabende Einwohner, sondern sei auch zu einem »festen Sitz der Wissenschaften« geworden und habe schon viele bedeutende Gelehrte angezogen oder hervorgebracht. Damit aber begann die rhetorisch-poetische Verklärung Heidelbergs, die um so wirksamer geworden sein dürfte, als dieser Teil von Luders Rede ein erstes Beispiel humanistischen Städtelobs in Deutschland darstellte und für die weitere Verbreitung und Entfaltung dieser Gattung in Deutschland grundsätzliche Bedeutung gewann.

Was Luders Heidelberg-Lob wie die entsprechenden Laudationes und Carmina weiterer Humanisten von den späteren Heidelberg-Gedichten, die hier vergegenwärtigt sind, unterscheidet, ist, daß sie darauf verzichten, den Charakter der Stadt auf eine unverwechselbare Weise wiederzugeben und dem persönlichen Verhältnis zu ihr einen subjektiven Ausdruck zu verleihen. Nicht, daß es zu dieser Zeit nicht auch schon sehr persönlich wirkende Reaktionen auf Heidelberg und seine bald schon als geradezu mythisch empfundenen Orte wie den Wolfsbrunnen gegeben hätte; gelegentlich deutet sich dergleichen an: Als eben der Wolfsbrunnen, an dem der Sage nach die schöne Zauberin Jetta von Wölfen zerrissen worden sein soll, um 1550 mit einer Mauer umgeben und damit nicht nur seiner Wildheit beraubt, sondern auch dem freien Zugang entzogen wurde, empörte sich der Heidelberger Gräzist und Dichter Jacobus Micyllus mit einem Gedicht, das mit den Versen endet: »Ibimus & tacito lustrabimus omnia gressu, / Valle sub umbrosa qua uia cunque patet.« Oder in der modern pointierenden Übersetzung von G. Becht: »Wir aber werden schweigenden Schrittes fortgehen und allhin wandern, / Im schattigen Tal, wo immer es nicht heißt: betreten verboten!« Aber solch persönliche Reaktionen artikulierten sich kaum in Gedichten rühmender Art; für diese hielt man sich lieber an traditionelle Motive und verbarg das Persönliche hinter konventionell wirkenden Formeln sowie allgemeineren moralischen Reflexionen. Diesem Muster folgt noch Opitz. Da mit seinem Wolfsbrunnen-Gedicht die Heidelberg-Dichtung aber erstmals im Gewand der neuhochdeutschen Sprache und einer ihr angemessenen Verskunst erscheint, setzt die vorliegende Anthologie mit diesem Gedicht ein.

Bevor die Heidelberg-Lyrik dann – im weitesten Sinne – modern werden und mit den berühmt gewordenen Gedichten von Hölderlin und Eichendorff ihren idealistisch-romantischen Ton erhalten konnte, mußten sich erst ein neues Selbstgefühl und ein neues Naturgefühl durchsetzen. Im Zuge dieser Entwicklung wurde Heidelberg von Autoren der Sturm-und-Drang-Zeit als ideale Verbindung von Natur- und Kunstschönem und als vielfach anregender Projektionsraum für persönliche Stimmungen, Lebensentwürfe und Geschichtsphantasien entdeckt. Dies deutet sich in einem Brief an, den Wilhelm Heinse 1780 aus Heidelberg an seine Düsseldorfer Freundin Betty Jacobi schrieb:

O könnten Sie diesen rührenden Ruin hier mit mir betrachten, die herrliche Pfalzgrafenburg mitten im grünen Gebürg, von Alter verfallen, dem Pulver und den Kugeln der barbarischen Franzosen zerschmettert [1689/93], und endlich [1764] aus Mitleiden von dem Blitze des Himmels vollends in Staub und Asche versenkt – sehen, wie das Gras aus den Löwenköpfen an den Fenstern hervorwächst, und das Gesträuch sich üppig oben auf die Thürme, und unten über die Thüren hineingepflanzt hat; und dann die schöne Welt Gottes die grüne Fluth des Neckars hinunter in den weiten fruchtbaren mit Haynen besäten Ebenen, welche die alten Helden vor sich liegen sahen und glücklich beherrschten.«

Auch Goethe, der Heidelberg mehrfach besuchte und 1775 von hier aus seine so folgenreiche Reise nach Weimar antrat, gewann in ebendieser Zeit die Eindrücke von Heidelberg, die ihn dazu befähigten, bei einem weiteren Besuch im August 1797 jene Aufzeichnungen zu machen, die eine exakte Beschreibung der damaligen Stadt in ihrer landschaftlichen Einbettung und baulichen Gestaltung sind und zugleich einiges von ihrem idealischen Reiz begreiflich machen:

Ich sah Heidelberg an einem völlig klaren Morgen, der durch eine angenehme Luft zugleich kühl und erquicklich war. Die Stadt in ihrer Lage und mit ihrer ganzen Umgebung hat, man darf sagen, etwas Ideales, das man sich erst deutlich machen kann, wenn man mit der Landschaftsmahlerei bekannt ist, und wenn man weiß, was denkende Künstler aus der Natur genommen und in die Natur hineingelegt haben. Ich ging in Erinnerung früherer Zeiten über die schöne Brücke und am rechten Ufer des Neckars hinauf. Etwas weiter oben, wenn man zurücksieht, sieht man die Stadt und die ganze Lage in ihrem schönsten Verhältnisse. Sie ist in der Länge auf einen schmalen Raum zwischen den Bergen und dem Flusse gebauet, das obere Thor schließt sich unmittelbar an die Felsen an, an deren Fuß die Landstraße nach Neckar-Gemünd nur die nöthige Breite hat. Über dem Thore steht das alte verfallne Schloß in seinen großen und ernsten Halbruinen. Den Weg hinauf bezeichnet, durch Bäume und Büsche blickend, eine Straße kleiner Häuser, die einen sehr angenehmen Anblick gewährt, indem man die Verbindung des alten Schlosses und der Stadt bewohnt und belebt sieht. Darunter zeigt sich die Masse einer wohlgebauten Kirche und so weiter die Stadt mit ihren Häusern und Thürmen, über die sich ein völlig bewachs'ner Berg erhebt, höher als der Schloßberg, indem er in großen Partien den rothen Felsen, aus dem er besteht, sehen läßt. Wirft man den Blick auf den Fluß hinaufwärts, so sieht man eine große Flä-

che davon zu Gunsten einer Mühle, die gleich unter dem Thore liegt, zu einer schönen Fläche gestemmt, indessen der übrige Strom über abgerundete Granitbänke in dieser Jahrszeit seicht dahin und nach der Brücke zu fließt, welche, im echten guten Sinne gebaut, dem Ganzen eine edle Würde verleiht, besonders in den Augen desjenigen, der sich noch der alten hölzernen Brücke erinnert. Die Statue des Churfürsten, die hier mit doppeltem Rechte steht, so wie die Statue der Minerva von der andern Seite, wünscht man um einen Bogen weiter nach der Mitte zu, wo sie am Anfang der horizontalen Brücke, um so viel höher, sich viel besser und freier in der Luft zeigen würden. Allein bei näherer Betrachtung der Construction möchte sich finden, daß die starken Pfeiler, auf welchen die Statuen stehen, hier zur Festigkeit der Brücke nöthig sind; da denn die Schönheit wie billig der Nothwendigkeit weichen mußte.

Der Granit, der an dem Wege heraussteht, machte mir mit seinen Feldspathkrystallen einen angenehmen Eindruck. Wenn man diese Steinarten an so ganz entfernten Orten gekannt hat und wiederfindet, so machen sie einen angenehmen Eindruck des stillen und großen Verhältnisses der Grundlagen unserer bewohnten Welt gegen einander. Daß der Granit noch so ganz kurz an einer großen Plaine hervorspringt und spätere Gebirgsarten im Rücken hat, ist ein Fall, der mehr vorkommt; besonders ist der vom Roßtrapp merkwürdig. Zwischen dem Brocken und zwischen diesen ungeheuern Granitfelsen, die so weit vorliegen, finden sich verschiedene Arten Porphyre, Kieselschiefer u. s. w. Doch ich kehre vom rauhen Harz in diese heitere Gegend gern und geschwind zurück und sehe durch diese Granitfelsen eine schöne Straße geebnet; ich sehe hohe Mauern aufgeführt, um das Erdreich der untersten Weinberge zusammen zu halten, die sich auf dieser rechten Seite des Flusses den Berg hinauf, gegen die Sonne gekehrt, verbreiten.

Ich ging in die Stadt zurück, eine Freundin zu besuchen, und sodann zum Oberthore hinaus. Hier hat die Lage und Gegend keinen mahlerischen, aber einen sehr natürlich schönen Anblick. Gegenüber sieht man nun die hohen gut gebauten Weinberge, an deren Mauer man erst hingehen muß, in ihrer ganzen Ausdehnung. Die kleinen Häuser darin machen mit ihren Lauben sehr artige Partien, und es sind einige, die als die schönsten mahlerischen Studien gelten könnten. Die Sonne machte Licht und Schatten so wie die Farben deutlich, wenige Wolken stiegen auf.

Die Brücke zeigt sich von hier aus in einer Schönheit, wie vielleicht keine Brücke der Welt; durch die Bogen sieht man den Neckar nach den flachen Rheingegenden fließen, und über ihr die lichtblauen Gebirge jenseit des Rheins in der Ferne. An der rechten Seite schließt ein bewachs'ner Fels mit röthlichen Seiten, der sich mit der Region der Weinberge verbindet, die Aussicht.

Gegen Abend ging ich mit Demoiselle Delf nach der Plaine zu, erst an den Weinbergen hin, dann auf die große Chaussee herunter bis dahin, wo man Rohrbach sehen kann. Hier wird die Lage von Heidelberg doppelt interessant, da man die wohlgebauten Weinberge im Rücken, die herrliche fruchtbare Plaine bis gegen den Rhein und dann die überrheinischen blauen Gebirge in ihrer ganzen Reihe vor sich sieht.

Den von Goethe so bündig beschriebenen Reizen der Stadt verdankt sich die Vorliebe so vieler Künstler für Heidelberg und verdanken sich – neben eindrucksvollen bildlichen Darstellungen – auch die großen Heidelberg-Gedichte der folgenden Jahrzehnte, die das Bild der Stadt verklärt und die Wahrnehmung von Heidelberg intensiviert, sensibilisiert und wohl auch sentimentalisiert haben. Verantwortlich für letzteres sind – nach Scheffels ›Alt-Heidelberg‹ – vor allem Wilhelm Meyer-Försters weltberühmtes Schauspiel ›Alt-Heidelberg‹ von 1901, das diesem folgende ebenfalls weltberühmte Musical ›The Student Prince‹ von Sigmund Romberg (uraufgeführt 1924 in New York) und das von Ernst Neubach in Zusammenarbeit mit Fritz Löhner-Beda verfaßte und von Fred Raymond vertonte Tanzlied ›Ich hab' mein Herz in Heidelberg verloren‹ aus dem Jahr 1925 (vgl. dazu Michael Buselmeiers Ausführungen über Scheffels ›Alt-Heidelberg‹ in diesem Band). Aber wären diese populär gewordenen Stücke und Lieder, die in Heidelberg selbst alles andere als beliebt sind, denkbar ohne die verklärende und zugleich auch klischeebildende Vorarbeit der idealistisch-romantischen Heidelberg-Dichtung? Und zeigen sie, indem sie Heidelberg zum ewig studentenhaft-jugendlichen Sehnsuchtsort alter Herren nach Art von Meyer-Försters Dr. Jüttner stilisieren, nur Falsches?

Über den Wahrheitsgehalt und die unterschwelligen Tendenzen der Heidelberg-Dichtung, in der sich bisweilen Utopisches und Restauratives auf kaum unterscheidbare Weise verbinden, läßt sich wohl lange streiten. Fest steht aber, daß die Stadt den Gedichten, mit denen sie seit den Zeiten des Humanismus und zumal in den letzten beiden Jahrhunderten bedacht wurde, unendlich viel verdankt. Heidelberg wäre ohne diese Gedichte nicht zum Mythos und zum Anziehungspunkt von Gelehrten, Studenten und Touristen aus aller Welt geworden. Heidelberg, wie wir es heute wahrnehmen und lieben, wurde schätzens- und bewahrenswert nicht zuletzt auch durch die Heidelberg-Dichtung. Eine geradezu dramatische Bestätigung dafür ist die Verschonung Heidelbergs am Ende des Zweiten Weltkriegs, als eine amerikanische Artillerieeinheit aufzog, um Heidelberg einzunehmen und – wider eine Vereinbarung mit dem Bürgermeister – aus der Stadt beschossen wurde. Daß dies nicht durch den Einsatz von Artillerie und Bombern beantwortet wurde, ist nicht – zumindest nicht allein – auf den angeblichen Plan der Amerikaner zurückzuführen, in Heidelberg ihr Hauptquartier einzurichten, sondern auf das lediglich literarisch vermittelte Faible des amerikanischen Kommandanten William Arthur Beiderlinden für Heidelberg. Bei einem Besuch in Heidelberg im Jahr 1970 erklärte er: »Mein Fühlen für Heidelberg hat seinen Ursprung in meiner Hochschulzeit. Wir lasen damals auf Deutsch ›Alt-Heidelberg‹. Seitdem liebe ich diese Stadt.« Diese Liebe zum Traumort seiner Studentenzeit hielt den Amerikaner davon ab, das Zerstörungswerk, das die Deutschen mit der Sprengung der Alten Brücke bereits eingeleitet hatten, fortzusetzen.

Wahrheit oder Legende bei
den Linden, vielleicht
hat ein Franzose
die Stadt vor der Zerstörung
bewahrt als einer
die Neugermanen
die alte Brücke
gesprengt
seitdem ist die
Stadt so gut
die amerikanisch

Heidelberg mit einem Regenbogen.
Aquarell von William Turner, um 1841

MARTIN OPITZ

Vom Wolffsbrunnen bey Heidelberg.

Du edele Fonteyn mit Ruh und Lust umbgeben,
   Mit Bergen hier und dar, als einer Burg, umbringt,
   Printz aller schönen Quell, auß welchem Wasser dringt
Anmütiger dann Milch, und köstlicher dann Reben,
   Da unsers Landes Kron und Haupt mit seinem Leben,
   Der werden Nymf, offt selbst die Zeit in frewd zubringt,
Da jhr manch Vögelein zu ehren lieblich singt,
Da nur ergetzlichkeit und keusche Wollust schweben,
   Vergeblich bistu nicht in diesem grünen Thal,
Von Klippen und Gebirg beschlossen uberal,
Die künstliche Natur hat darumb dich umbfangen
   Mit Felsen und Gebüsch, auff daß man wissen soll
Daß alle Fröligkeit sey Müh und arbeit voll,
Und daß auch nichts so schön, es sey schwer zu erlangen.

<>

WILHELM KÜHLMANN

HULDIGUNG ALS WARNUNG: POETISCHER RAT FÜR DEN
KURFÜRSTEN, 1620

Zu den seit alters her anziehenden und inspirierenden Orten
Heidelbergs zählt auch der östlich des Schlosses gelegene
Wolfsbrunnen: ein wilder Waldquell, der um 1550 mit einer
parkähnlichen Anlage umgeben wurde. Früh schon taucht
er in den lateinischen Heidelberg-Gedichten und Stadtbe-
schreibungen der Humanisten auf. Kein Zufall also, daß
auch das erste neuhochdeutsche Heidelberg-Gedicht dem
Wolfsbrunnen gilt. Es ist um so bedeutungsvoller, als es von

Martin Opitz stammt, auf dessen dichterische und poetologische Wirksamkeit ein glorreicher Neubeginn der deutschen Poesie zurückzuführen ist.

Der Schlesier Martin Opitz (1597-1639) befreite die deutsche Dichtung vom Geruch des Provinziellen, des Zurückgebliebenen, von dem sich bisher nur die lateinisch schreibenden Gelehrten nicht betroffen zu fühlen brauchten. Er initiierte eine Reform, die dazu führte, daß die deutsche Dichtung sprachlich und formal ein ästhetisches Niveau erreichte, das dem der avanciertesten und in ganz Europa berühmten italienischen, französischen und niederländischen Autoren entsprach. Die zeitliche Koinzidenz der literarischen Reformbewegung mit dem Beginn des Dreißigjährigen Krieges war keine zufällige, sondern wies auf die mentale Einheit konfessionspolitischer und kulturpatriotischer Frontbildungen im Widerstand gegen die Traditionen der spanisch-habsburgischen, d. h. der katholisch-lateinischen Universalmonarchie. Mit dem pfälzischen Kurfürsten Friedrich V. (1596-1632, reg. seit 1614) wurde in Heidelberg politisch und militärisch umgesetzt, was sich im geistigen Kraftfeld der Epoche längst abgezeichnet hatte. Neben Genf und Leiden galt Heidelberg als Vorort des europäischen, auch die französischen Hugenotten einbeziehenden Calvinismus, zugleich als Zentrum humanistischer Gelehrsamkeit, in das es gerade viele Schlesier zog, die mit der protestantischen Sache sympathisierten. Freilich nützte es dem jungen Kurfürsten wenig, daß er 1613 mit großem Pomp Elisabeth Stuart, die Tochter des englischen Königs, heiratete, und noch weniger nützte es ihm, daß er sich in offener Provokation des Kaisers im August 1619 zum böhmischen König wählen ließ. Die Schlacht am »Weißen Berg« in der Nähe Prags (8. November 1620) vereitelte nicht nur die pfälzischen Hoffnungen, sondern auch die Visionen der protestantischen Reichspolitik. Der spanische Feldherr Ambrogio Spinola rückte in die Pfalz ein, Heidelberg kapitulierte kurze Zeit später vor den Truppen Tillys. Was in der Universität oder im kurfürstlichen Oberrat Rang und Namen besaß, zerstob in alle Richtungen.

Zu denen, die rechtzeitig – schon im Oktober 1620 – in die Niederlande auswichen, gehörte Opitz. Von namhaften Persönlichkeiten empfohlen, war er im Juni 1619 zur Fortsetzung seiner Studien an den Neckar gekommen und präsentierte sich den Größen des Heidelberger Gelehrtenkosmos als Hoffnungsträger literarischer Erneuerung: dem Oberrat Georg Michael Lingelsheim zum Beispiel, dem in ganz Europa bekannten Polyhistor und Bibliothekar Janus Gruter, auch dem publizistisch aktiven Dr. jur. Julius Wilhelm Zincgref, der 1624 in Straßburg die erste Sammlung der neuen Opitzschen Gedichte herausgab, zugleich andere Stimmen der südwestdeutschen Renaissancepoesie einbezog.

Wie Zincgref oder wie in Württemberg Georg Rudolf Weckherlin (später Staatssekretär in London) stellte auch Opitz seine Feder in den Dienst der protestantischen Sache. Davon zeugt nicht nur das poetische ›Gebet, daß Gott die Spanier widerumb vom Rheinstrom wolle treiben‹, sondern auch die bis zum Vormärz gewiß bedeutsamste politische Dichtung der Deutschen, das groß angelegte heroisch-didaktische Epos ›Trostgedichte in Widerwertigkeit deß Krieges‹. Opitz konnte es erst später veröffentlichen. Auch die dem Heidelberger Wolfsbrunnen gewidmeten Verse bergen einen politischen Unterton, wenngleich auf den ersten Blick nur die friedliche Atmosphäre höfischer Lustbarkeiten in idyllischer Umgebung berufen wird.

Dichtung des 17. Jahrhunderts wollte sich messen lassen an normstiftenden Vorbildern der literarischen Gattungen.

Wolffs brunn.

Stich von Wenzel Hollar (um 1640) nach einem Stich von Matthäus Merian d. Ä. (1619): Wolfsbrunnen bei Heidelberg.

Dies bedeutet hier

a) formtypologisch: Opitz greift zu dem eben erst von ihm (nach wenigen Vorläufern) auf dem deutschen Parnass eingebürgerten Schema des Sonetts; bereits der erste Halbsatz spielt an auf ein bekanntes Beispiel von Pierre de Ronsard, dem Oberhaupt der nun für Deutschland maßgeblichen französischen Pléiade (›O Fontaine Bellerie‹);

b) gegenstandsspezifisch: Wie viele andere Sonette dieser Jahre richten sich die Verse auf ein bestimmtes Objekt und beweisen damit die auch poetologisch vermerkte Verwandtschaft von Sonett und Epigrammtradition; eine Verwandtschaft, die außerdem im gedanklichen, manchmal pointierten Neueinsatz des abschließenden Gedichtteils (hier der Schlußterzette ab V. 9) zum Ausdruck kommt;

c) motivgeschichtlich: Gedichte auf Quellen und Brunnen gehörten zum Fundus der europäischen Renaissancedichtung; in der Spannung von Abweichung und Anlehnung, von Zitat und Innovation, wurde darin, oft über andere Autoren hinweg, Bezug genommen auf den Archetypus dieses lyrischen Genres, die berühmte Ode des römischen Klassikers Horaz auf eine Quelle seines Landguts (›O fons Bandusiae‹; carm. III 13). So verwunderte es nicht, daß ein namhafter Heidelberger Humanist, der Griechischprofessor Jacobus Micyllus (1503-1558), den Wolfsbrunnen bereits einige Jahrzehnte früher in einem längeren lateinischen Epigramm bedichtet hatte: als einen »von Wölfen umlagerten Wolfsquell, der 1550 durch Kurfürst Friedrichs Baumaßnahmen mitsamt seinen Wölfen durch ein Brunnenhaus eingehegt worden sei, damit die Herden ringsum friedlich weiden könnten« (E. Schäfer).

Opitz benutzt den Vers, den er in seinem ›Buch von der deutschen Poeterey‹ für stilistisch und thematisch gehobene Dichtung reservierte: den sechshebigen, jambisch akzentuierten Alexandriner, der durch eine Mittelzäsur gegliedert war und sehr oft wie hier mit abwechselnd weiblicher und männlicher Kadenz zu Zweiergruppen verkoppelt wurde. Diese Zweiergruppen konnten, was Opitz virtuos vorführt, durch wechselnde Reimbindungen (umarmender Reim in den Quartetten, Schweifreim in den Terzetten) überspielt werden. Auch die gerade in der Sonettdichtung des 17. Jahrhunderts beliebte Technik, die syntaktische Struktur des Textes teils mit den Versgrenzen zu harmonisieren, teils im Enjambement (hier V. 3/4; V. 11/12) in Spannung zu setzen, wird zumindest ansatzweise vorgeführt. Doch eindrucksvoller als diese neuen Kunstgriffe der poetischen Technik wirkte gewiß Opitz' Anspruch auf eine »sinnreiche« Verschränkung divergenter Aussageebenen. Scheinbar geht es ihm nur darum, einen Ort zu beschreiben, an dem sich der Kurfürst und seine Gattin in »keuscher Wollust« ergötzen. Über zehn Verse, ja eigentlich – sinngemäß – über das ganze Gedicht spannt sich ein Satz, der durch Anaphern (V. 5, 7, 8) gegliedert ist und in den Quartetten deutlich die beiden Seiten der Leitvorstellung differenziert: den Ort und das, wozu er dient. Noch die lang nachwirkende Anrede des mit einem Fremdwort aristokratisch herausgehobenen Lokals mündet in die Antwort auf ein dem Text zugrunde liegendes ›Warum‹. Die immanente Frage des »vergeblich nicht« (V. 9; ein Latinismus wie auch die Bezeichnung »sein Leben« für die Gattin oder Geliebte) wird in den letzten vier Versen beantwortet (»darumb«). Diese Antwort besteht in einem »Wissen«, das zwar allgemeingültig-sentenzenhaft formuliert wird, doch im Textzusammenhang als Appell an die zu verstehen ist, die sich (allzu?) unbefangen am Wolfsbrunnen ihre Langeweile vertreiben.

Worauf sich Opitz 1620 bezog, war den Heidelberger Lesern klar: nicht mehr auf die wilde Waldquelle des Schlierbachs, sondern auf die Anlage, die nach 1550 ausgebaut worden war und nun mit ihren steinern eingefaßten Wasser-

becken, ihren laubberankten Arkaden, ihren heckenge-
säumten Wegen und ihren hohen Lindenalleen jenem Begriff des Abgezirkelt-Schönen unterworfen war, in dem sich
die angestrebte Beherrschung der Natur geometrisch sym-
bolisierte. So fällt es dem Dichter auch nicht schwer, in diesem Natur-Arrangement das Äquivalent herrscherlicher
Würde zu entdecken und metaphorisch anzudeuten. Der
schlichte Bergquell wird zum »Prinzen« erhoben (V. 3), und
das rinnende Wasser muß sich die Attribute des »Anmutigen« und »Köstlichen« gefallen lassen, um dem pfälzischen
Herrscherpaar rühmenswert zu werden.

Freilich mischt sich schon im zweiten Vers ein dunkler
Ton in das rhetorische Sprachkolorit ein. Der Wolfsbrunnen ist von Bergen »als einer Burg umbringt« (V. 2). Opitz
vergißt nicht, daß der Ort der Freude »beschlossen« und
»umbfangen« ist von einer Natur, die dem Willen zur schönen Repräsentation der Macht nicht gehorcht. So wie die
vom Menschen gezähmte Natur als Ensemble von Zeichen
erscheint, die Rang und Herrschaft ästhetisch beglaubigen,
genau so wird diese ahistorische Idylle durch jene »künstliche«, in ihrer Sinnhaftigkeit zu entschlüsselnde Natur be-
grenzt, in der sich der Lustort in eine Festung (»Burg«)
verwandelt. Die »Ergetzlichkeiten« spielen sich im Belage-
rungszustand ab, und Opitz wird gewußt haben, daß manche Kritiker dem jungen Kurfürsten Leichtsinn und man-
gelnden politischen Weitblick vorwarfen.

In der Polarität der ambivalenten Naturszene offenbart
sich dem prüfenden, dem meditativen Blick jenes »Wissen«,
daß ungestörte »Frölgikeit« erst durch »Müh und Arbeit«
ermöglicht wird und daß Schönheit im bloßen Genuß von
Macht gefährdet ist. Opitz besteht in Form einer allgemei-
nen moralischen Überlegung auf dem, was Bürgersinn von
den Regenten erwartete: auf Leistung, auf der Erkenntnis,
daß der schöne Schein Widerständen abgerungen werden

muß. Das Buch der Natur, das hier wie sonst in barocker Dichtung »künstlich« auf moralische Bedeutung hin ausgelegt wird, offenbart einen Sinn, der die Ermahnungen eines Fürstenspiegels in sich aufnimmt. Nicht in erster Linie der lokale Erinnerungswert bestimmt die Position des Gedichtes in der Folge der Heidelberg-Literatur, sondern die wache Intelligenz, mit der Opitz dem, der zu lesen wußte, einen Text anbot, in dem sich – allegorisch verschlüsselt – seine Sorge um die politischen Gefahren wiederfand, denen die Pfalz bald darauf zum Opfer fiel.

Heidelberg

Lange lieb' ich dich schon, möchte dich, mir zur Lust,
Mutter nennen, und dir schenken ein kunstlos Lied,
  Du, der Vaterlandsstädte
    Ländlichschönste, so viel ich sah.

Wie der Vogel des Walds über die Gipfel fliegt,
Schwingt sich über den Strom, wo er vorbei dir glänzt,
  Leicht und kräftig die Brücke,
    Die von Wagen und Menschen tönt.

Wie von Göttern gesandt, fesselt' ein Zauber einst
Auf die Brücke mich an, da ich vorüber ging,
  Und herein in die Berge
    Mir die reizende Ferne schien,

Und der Jüngling, der Strom, fort in die Ebne zog,
Traurigfroh, wie das Herz, wenn es, sich selbst zu schön,
  Liebend unterzugehen,
    In die Fluten der Zeit sich wirft.

Quellen hattest du ihm, hattest dem Flüchtigen
Kühle Schatten geschenkt, und die Gestade sahn
  All' ihm nach, und es bebte
    Aus den Wellen ihr lieblich Bild.

Aber schwer in das Tal hing die gigantische,
Schicksalskundige Burg nieder bis auf den Grund
  Von den Wettern zerrissen;
    Doch die ewige Sonne goß

Ihr verjüngendes Licht über das alternde
Riesenbild, und umher grünte lebendiger
    Efeu; freundliche Wälder
        Rauschten über die Burg herab.

Sträuche blühten herab, bis wo im heitern Tal,
An den Hügel gelehnt, oder dem Ufer hold,
    Deine fröhlichen Gassen
        Unter duftenden Gärten ruhn.

<>

ULLA HAHN

UNVERGÄNGLICHE VOLLKOMMENHEIT

Hölderlins Ode auf Heidelberg beginnt mit einem Gefühls-
ausbruch: In drängendem Rhythmus gesteht der Dichter
eine lang verschwiegene Liebe. Heidelberg, einer Stadt.
Nur einer Stadt? Im ersten Wort der zweiten Zeile nach einem mitreißenden Enjambement wie in einem Aufschrei:
»Mutter«. Mutter ist ihm die Stadt, nicht Freundin, nicht
Geliebte. Nicht die Erregung der Fremde, die Ruhe der
Heimat findet er hier. Und er ist stolz auf sie, die »Ländlichschönste«, und glücklich in ihrem Anblick. Ein Ton hoch-
gemuter Heiterkeit wird in diesen ersten Zeilen angeschla-
gen, der von nun an das Gedicht bestimmt.
    Das Gedicht feiert die Schönheiten dieser Stadt. Nie
wurde eine Brücke vollkommener erbaut als in diesen Zeilen. Die Brücke, die Wörter, das Bild des Vogelflugs: eine
einzige Harmonie. Bewegung wird nicht behauptet, sie ist.
Die Zeilen selbst schwingen schwerelos, eine vollendete
Synthese von Rhythmus, Inhalt und Gehalt. Die Bewegung
des Bogens, hier im Bild der Brücke, bestimmt die gesamte
Ode. Die Ruhe, die sie ausstrahlt, ihren Halt, findet sie in

P. Fuhrmann: Heidelberg, undatierte Radierung.

dieser Bewegung. Selbst der fallende Rhythmus, der askle-piadeischen Ode eigen, wird durch eine Gegenbewegung immer wieder aufgefangen und gerundet.

In der dritten Strophe steht der Dichter selbst auf der Brücke; es ist die Alte Brücke, 1788 fertiggestellt, im selben Jahr, in dem Hölderlin Heidelberg zum ersten Mal besuchte. 1795 kehrte er von Jena über Heidelberg nach Nürtingen zurück, wenig später schrieb er, auf dem Höhepunkt seiner Oden- und Elegiendichtung, auch diese Liebeserklärung an »Heidelberg«. Sie reflektiert den Augenblick, als ihn ein »Zauber wie von Göttern gesandt« auf die Brücke fesselte. Und immer noch können wir seinem Blick folgen; alles, was er aufzählt, ist sichtbar. Von der Brücke aus erschaut, ist das Gedicht wie eine Brücke gebaut. Das Auge wird vom Strom, der Ebene, hinauf zur Burg geführt, die Hügel hinab, durch die Wälder, hin zu den Gassen und Gärten. Die Bilder sind sinnlich und sinnbildlich zugleich, Skizzen der Wirklichkeit und Sehnsuchtsbilder in einem, lassen Platz für eigenes Erleben und Erinnern. Anders als in vielen anderen Gedichten, etwa in den Oden ›Der Neckar‹, ›Der Rhein‹, ›Der Main‹, bleibt Hölderlin bei den Sachen, flieht nicht aus der Wirklichkeit in die Mythenwelt, rettet sich nicht ins Symbolische. Auf der Brücke stehend, gehört er selbst zur Stadt, zur Mutter, geborgen, ihr Kind. Wie wohlgefühlt haben muß er sich, der doch nirgends sein Zuhause finden konnte, daß er es wagte, hier die Augen offenzuhalten!

Nur zweimal unterbricht Reflexion den gelassenen Schwung der Anschauung. Die vierte Strophe erklärt den Neckar zum »Jüngling«, der sich, wohlgerüstet mit »Quellen« und »kühlen Schatten« der Mutter in die Fremde entzieht, »traurigfroh«, wie es jeder kennt, der zu neuen Ufern aufbricht, ohne die alten schon verlassen zu können. In der ersten Fassung beginnt diese Strophe mit einem »Ach«, dann mit einem »Aber«, das die heitere Gestimmtheit allerdings schon früh getrübt hätte. Die Endfassung verschiebt das »Aber«, das, Umkehr und Gegensatz anzeigend, zu den Säulenworten der Hölderlinschen Dichtung zählt, an den Beginn der sechsten Strophe. Hier hält es, auf dem Scheitelpunkt des Bogens, den Blick an der »Burg« fest. Das Auge weicht nicht in den Himmel aus, verliert sich nicht in den Gefilden der Seligen, bleibt der Erde verhaftet. Die »schicksalskundige Burg«: ein Memento mori, das die Harmonie jedoch nicht zerstört, vielmehr wirkt wie ein schwarzer Pinselstrich, den ein Maler setzt, um seine Farben vollends zum Leuchten zu bringen. Denn noch in derselben Strophe wird das düstere Bild verklärt: »Doch die ewige Sonne goß // Ihr verjüngendes Licht über das alternde / Riesenbild, und umher grünte lebendiger / Efeu«. Mächtiger als Menschenwerk, als alles vom Menschen Erbaute und auch wieder Zerstörte, ist die allgegenwärtige Natur, die Kraft des Lebens selbst. Natur wird in diesem Gedicht nicht als Bedrohung empfunden, sie erscheint dem Menschen freundlich und versöhnlich gestimmt. So vollenden die Augen, vollenden die Wörter den Bogen hinunter ins Tal, wo Natur und Zivilisation, wo »fröhliche Gassen«, »duftende Gärten« und blühende »Sträucher« friedlich einander durchdringen. Bis ins Detail, bis in die Grammatik, wird diese Bewegung des Bogens, des Brückenschlagens, die Bewegung zwischen den Gegensätzen, zwischen Verweilen und Abschied, Natur und Geschichte, Vergangenem und Gegenwärtigem, durchgehalten.

Das Gedicht beginnt, als Evokation der Stadt, im Präsens. Es folgen Bilder, die bereits in der Erinnerung geborgen, im Präteritum abgeschlossen sind. Erst im letzten Wort des Gedichts, dort, wo der Bogen sich rundet, das Gedicht zur Ruhe kommt, nimmt der Dichter das Präsens wieder auf, Tempus des Augenblicks so gut wie der Ewigkeit.

»Doch es kehret umsonst nicht / Unser Bogen, woher er kommt«, heißt es in der Ode ›Lebenslauf‹. Es ist diese Bogenbewegung, die den Leser ahnen läßt, daß ›Heidelberg‹ weit mehr ist als eine Stadthymne für Feierstunden. Er spürt, daß es um weit mehr geht als um einen Blick von der Brücke über den Neckar: er sieht sich selbst an seinem Platz auf seiner Lebensbrücke stehen. Und spürt die Linie des Lebens selbst, den Bogen zwischen Geburt und Tod. Doch läßt ihn dieses vollkommene Gedicht die Angst vor der eigenen Vergänglichkeit vergessen. Acht unvergängliche Strophen lang.

Gingo biloba

Dieses Baum's Blatt, der von Osten
Meinem Garten anvertraut,
Giebt geheimen Sinn zu kosten,
Wie's den Wissenden erbaut.

Ist es Ein lebendig Wesen?
Das sich in sich selbst getrennt,
Sind es zwey? die sich erlesen,
Daß man sie als eines kennt.

Solche Frage zu erwiedern
Fand ich wohl den rechten Sinn;
Fühlst du nicht an meinen Liedern
Daß ich Eins und doppelt bin?

<>

ANJA HÖFER
HERBSTLICHER WECHSELGESANG

Im östlichen Teil des Heidelberger Schloßgartens steht un-
ter hohen Ahornbäumen eine weiße Steinbank. Das in die
Rückenlehne eingelassene Relief zeigt einen Wiedehopf –
Hudhud, den Liebesboten des Orients –, der auf dem Zweig
eines Ginkgo-Baumes sitzt. Der »Wissende« erkennt die
Zeichen als symbolische Reminiszenz an jene drei späten
Heidelberger Septembertage des Jahres 1815, an denen der
sechsundsechzigjährige Goethe noch einmal mit der jungen
Bankiersfrau Marianne von Willemer zusammentraf.

Als Gast der Willemers hatte Goethe bereits einige heitere

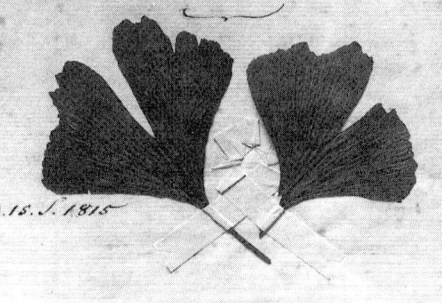

»Gingo biloba« in Goethes Handschrift, 1815.

Wochen auf der Gerbermühle bei Frankfurt verbracht. Mit einiger Rührung hörte er bei den abendlichen Gesellschaften Mariannens gesungenen Vorträgen seiner Gedichte zu und fühlte sich angezogen von ihrem offenen, liebenswürdigen Wesen.

Es beginnt das poetische Wechselspiel zwischen Hatem und Suleika, dem Liebespaar nach orientalischem Vorbild. Vor einem Jahr hatte Goethe das lyrische Werk des persischen Sängers Hafis entdeckt und in ihm einen Wahlverwandten gefunden, wie er in einem Brief an Zelter berichtet: »Indessen ist es eine Dichtart, die meinem Alter zusagt, meiner Denkweise, Erfahrung und Umsicht, wobei sie erlaubt, in Liebesangelegenheiten so albern zu sein, als nur immer die Jugend.« Nun arbeitete er selbst an einem Gedichtzyklus nach orientalischem Muster, dem ›West-östlichen Divan‹. In der Begegnung mit der dreißigjährigen Marianne, der anmutigen »kleinen Frau«, fühlt er sich gestärkt, verjüngt, und schlüpft in die Rolle des Dichters Hatem. Marianne, als Suleika »benamst«, antwortet seinen Versen und erweist sich als ebenbürtige Partnerin im poetischen Dialog. Der Wiedehopf wird hin- und hergeschickt, und Goethe schreibt einmal: »Wäre ich Hudhud, ich liefe dir nicht über den Weg, sondern schnurstracks auf dich zu.«

Wohl fürchtend, daß die Dichterglut einen Flächenbrand nicht nur auf dem Papier, sondern auch in seinem Herzen entfachen könnte, reist Goethe etwas überstürzt aus Frankfurt ab und erreicht am 20. September Heidelberg. Schon drei Tage später jedoch folgt ihm Marianne in Begleitung ihres Gatten und der Stieftochter Rosine Städel. Auf dem Weg nach Heidelberg schreibt sie in froher Erwartung des Wiedersehens das Gedicht an den Ostwind, der ihr die Grüße des Freundes überbringt: »Dort, wo hohe Mauern glühen, / Finde ich den Vielgeliebten.«

Über die folgenden drei gemeinsam verbrachten Tage gibt

Goethes Tagebuch nur spärlich Auskunft. Am 23. September notiert er lakonisch: »Schloß. Divan. Kam Willemer. Kamen die Frauenzimmer [...].« Die Gedichte, die in dieser Zeit entstehen, sprechen eine andere Sprache: »Nur dies Herz, es ist von Dauer, / Schwillt in jugendlichstem Flor; / Unter Schnee und Nebelschauer / Rast ein Ätna dir hervor.« Das ist freilich lyrische Maskerade, und es ist müßig, darüber zu spekulieren, wie stark Goethe selbst die eruptive Kraft der Leidenschaft, die aus seinen Versen spricht, wirklich empfunden hat. Dennoch sind die Gedichte nicht denkbar ohne den Hintergrund einer tiefen wechselseitigen Zuneigung, die sich ihrer selbst gerade im poetischen Zwiegespräch immer wieder versichert und sich in ihm erfüllt: »Eins nur im andern fühlt sein Glück.«

Vom Paradoxon der erst durch die Zweiheit sich bedingenden Einheit der Liebenden spricht auch das Gedicht auf das sonderbare Blatt »von Osten«. Im Garten des Heidelberger Schlosses hatte Goethe einen Ginkgo-Baum entdeckt. Bei einem ihrer gemeinsamen Spaziergänge pflückte er Marianne eines der herzförmig gespaltenen Blätter und machte sie auf dessen symbolhaltige Gestalt aufmerksam. Einen Tag nach ihrer Abreise, am 27. September, schickte er ihr in einem Brief an Rosine Städel seine lyrische Auslegung des Blattes.

In leicht fließenden, vierhebigen Trochäen bewegen sich die drei vierzeiligen Strophen mit wechselndem Reim fort. Am Beginn steht der einfache Naturgegenstand, des »Baum's Blatt«. Gleich mehrfach wird er hervorgehoben: durch Demonstrativpronomen, Alliteration und die sich dem Rhythmus verweigernde Doppelbetonung. Der östliche Herkunftsort der Pflanze – der Ginkgo war ursprünglich in China beheimatet – verweist auf jene Verknüpfung der östlichen mit der westlichen Welt, die das Leitthema des gesamten Divan-Zyklus bildet. Wie ein kostbares Pfand ist der exotische Baum dem westlichen »Garten« des lyrischen Ich »anvertraut«. Goethe mag hier an den Heidelberger Schloß- garten gedacht haben, sicher auch an den der Venus geweih- ten Ort der Liebenden. Schon die dritte Zeile verläßt den gegenständlichen Bereich und eröffnet, von der sinnlichen zur geistigen Betrachtung wechselnd, einen symbolischen Deutungshorizont. Das gespaltene Blatt wird zum Träger eines »geheimen Sinn[s]«, der sich nur den Eingeweihten, hier: den Liebenden, erschließt. In seinem Brief bemerkt Goethe dazu, »daß man am besten täte etwas ganz Unver- ständliches zu schreiben, damit erst Freunde und Liebende einen wahren Sinn hineinzulegen völlige Freiheit hätten«.

Genau dies führt er im Gedicht nun vor: Die zweite Stro- phe, von der der Leser eigentlich die Auflösung der geheim- nisvollen Chiffre erwartet, gibt nur neue Rätsel auf. Das unbelebte Blatt wird zum »lebendig Wesen« personifiziert und gewinnt dann, in der Andeutung eines Liebespaares, vollends menschliche Gestalt: »Sind es zwey? die sich erle- sen, / Daß man sie als eines kennt.« Darin klingt der plato- nische Mythos der zwei durch Zeus getrennten Menschen- hälften an, die sich im Zeichen des Eros erneut vereinen. Wie stark das Gedicht auch formal vom Gesamtsinn des »Eins und doppelt« durchdrungen ist, zeigen die Reimwör- ter: »Wesen« – »erlesen«, »getrennt« – »kennt«. Beide Aus- legungen des Blattsymbols sind als Fragen formuliert und erheben sich wie eine zweite Stimme, die doch *einem* Ich zu gehören scheint. So wird zugleich auf der Ebene des Spre- chens realisiert, was sich in den Fragen andeutet: die Ver- schmelzung von Ich und Du zur paradoxen Zwei-Einheit. Insofern kann auch nicht zugunsten der einen oder anderen Sinnvariante entschieden werden; beide sind wahr und spre- chen Gleiches aus, wie die dritte Strophe zeigt.

Wieder erfolgt ein Stimmwechsel: Die »Frage« wird vom Ich aufgenommen, und es findet – als wissender Widerpart im geheimen Zwiegespräch – den »rechten Sinn«, sie »zu erwiedern«. Doch auch die Antwort bleibt als ironisch gestellte Gegenfrage vieldeutig. Mit überraschender Wendung wird nun die Poesie ins Spiel gebracht: Es sind die »Lieder«, die von der sonderbaren Doppeleinheit der Liebenden künden. Das ist zunächst auf das Gedicht selbst zu beziehen, in dem sich die Stimmen des Ich und Du untrennbar vereinen. Zugleich wird auf den lyrischen Wechselgesang zwischen Hatem und seiner Geliebten im »Buch Suleika« angespielt, der seinen biographischen Hintergrund im dichterischen Liebesdialog zwischen Goethe und Marianne hat. »Ich« und »du« werden nun explizit genannt und rücken durch den parallelen Bau der beiden Mittelzeilen selbst in der Graphik der Strophe in unmittelbare Nähe zueinander. Erst mit dieser Wendung ins Subjektive enthüllt sich die volle Bedeutung des Blattsymbols, in dem sich Liebe und Dichtung vereinen: Ich und Du sind selber Teil des geheimen Sinns, und diesen zu erfassen bleibt nur ihnen vorbehalten.

Marianne hat die Liebesbotschaft verstanden, und die Verse, die Goethe Suleika in den Mund legt, könnten die ihren sein: »Wie mit innigstem Behagen, / Lied, empfind' ich deinen Sinn! / Liebevoll du scheinst zu sagen: / Daß ich ihm zur Seite bin.« Sie ist Goethe nie mehr begegnet. Bei ihrem letzten Besuch in Heidelberg, 1831, pflückte Marianne noch einmal ein Blatt des Ginkgo und bewahrte es sorgsam auf, »wie es einer andächtigen Pilgerin geziemt«.

MARIANNE VON WILLEMER

Das Heidelberger Schloß

den 28. Juli abends 7 Uhr
Euch grüß ich weite, lichtumfloßne Räume,
Dich alten reichbekränzten Fürstenbau,
Euch grüß ich hohe, dichtumlaubte Bäume,
Und über euch des Himmels tiefes Blau.

Wohin den Blick das Auge forschend wendet
In diesem blütenreichen Friedensraum,
Wird mir ein leiser Liebesgruß gesendet
Aus meines Lebens freudevollstem Traum.

An der Terrasse hohem Berggeländer
War eine Zeit sein Kommen und sein Gehn,
Die Zeichen, treuer Neigung Unterpfänder,
Sie sucht ich, und ich kann sie nicht erspähn.

Dort jenes Baumsblatt, das aus fernem Osten
Dem *westöstlichen* Garten anvertraut,
Gibt mir geheimnisvollen Sinn zu kosten
Woran sich fromm die Liebende erbaut.

Durch jene Halle trat der hohe Norden
Bedrohlich unserm friedlichen Geschick;
Die rauhe Nähe kriegerischer Horden
Betrog uns um den flüchtgen Augenblick.

Dem kühlen Brunnen, wo die klare Quelle
Um grünbekränzte Marmorstufen rauscht,
Entquillt nicht leiser, rascher, Well auf Welle,
Als Blick um Blick, und Wort um Wort sich tauscht.

O! schließt euch nun ihr müden Augenlider.
Im Dämmerlichte jener schönen Zeit
Umtönen mich des Freundes hohe Lieder,
Zur Gegenwart wird die Vergangenheit.

Aus Sonnenstrahlen webt ihr Abendlüfte
Ein goldnes Netz um diesen Zauberort,
Berauscht mich, nehmt mich hin ihr Blumendüfte,
Gebannt durch eure Macht kann ich nicht fort.

Schließt euch um mich ihr unsichtbaren Schranken
Im Zauberkreis der magisch mich umgibt,
Versenkt euch willig Sinne und Gedanken,
Hier war ich glücklich, liebend und geliebt.

<>

DIETER BORCHMEYER
MARIANNE VON WILLEMERS GEDÄCHTNISWANDERUNG

»Euch grüß ich weite, lichtumfloßne Räume«: die Apo-
strophe an einen Raum, der sich wie ein lebendes Wesen an-
reden läßt, da er die Stätte lebendiger Erinnerung ist, gehört
zu den ältesten Gedankenfiguren der Dichtung. Was aber
könnte einen Raum mehr beleben, den äußeren in einen Er-
innerungsraum verwandeln, als die Liebe. »Dich teure
Halle grüß ich wieder«, apostrophiert auch in einer der berühmtesten deutschen Opernarien eine Liebende den
Raum, den ihr der Dichter-Geliebte einst durch seinen Ge-
sang und seine Liebe mit Leben erfüllt hat. Hier wie da ist es
eine Burg, ein Schloß: ein »alter reichbekränzter Fürstenbau«, und zugleich eine Landschaft, in die jener Bau einzigartig eingebettet ist und mit der er zur Einheit verschmilzt,
Kunst- und Naturraum in einem wird.

Raum und Erinnerung haben nicht nur viel, sondern grundsätzlich miteinander zu schaffen. Die antike und humanistische Rhetorik stellte sich das Gedächtnis überhaupt räumlich vor, ›verortete‹ alle seine Inhalte buchstäblich in einem imaginären Haus mit Stockwerken und Zimmern. Die Erinnerungskunst des Redners bestand darin, die Gedächtnisörter (topoi, loci) in einer genau imaginierten Reihenfolge abzuschreiten und die dort deponierten Gedächtnisbilder abzurufen. Zum Raum wird hier die Zeit. Die Dichter haben dieses Verfahren von den Rednern gelernt und deren Gedächtnisräume immer wieder in poetische Räume verwandelt, die vom Dichter und seinen Figuren erinnernd durchschritten werden. So ist z. B. Dantes ›Divina Commedia‹ eine gewaltige Gedächtniswanderung durch die jenseitigen Reiche des Inferno, Purgatorio und Paradiso – aber selbst ein so kleines Poem wie Marianne von Willemers Gedicht auf das Heidelberger Schloß ist ein Gang des Andenkens, der das lyrische Ich von Ort zu Ort führt, an dem jeweils konkrete »Zeichen« des Andenkens, »treuer Neigung Unterpfänder« gesucht – und wenn sie auch von der Zeit verwischt sind, dort doch erinnert werden.

Heidelberg und sein Schloß sind die Stätte der letzten Begegnung zwischen Goethe und Marianne von Willemer Ende September 1815 gewesen. Für beide bilden sie deshalb die Chiffre ihrer Liebe in der abendlichen Verklärung des Abschieds und der Entsagung. »Abends 7 Uhr«: das ist bezeichnenderweise die Uhrzeit, die Marianne für ihr Bild vom Schloß festhält, und das Datum ist der 28. Juli – einen Monat vor Goethes 75. Geburtstag, zu dem sie ihm das Gedicht mit ihrem Begleitbrief am 25. August 1824 schicken wird. Freilich, am 28. Juli befindet sich Marianne auf der Gerbermühle, wo Goethe und die Willemers neun Jahre zuvor die unvergeßlichen spätsommerlichen ›Divan‹-Wochen verlebt hatten. Die Reise ins Salzburgische, von der

Willemers über Heidelberg zurückgekehrt waren, lag schon einige Wochen zurück. Es mag sein, daß Marianne bei dieser Wiederbegegnung mit Heidelberg den ersten Gedanken zu ihrem Schloß-Gedicht gefaßt hat, aber seine Vollendung versieht sie auf der Gerbermühle mit der Zeitangabe »den 28. Juli abends 7 Uhr«. Nicht das gesehene, sondern das erinnerte Schloß ist der Gegenstand des Gedichts, und zwar in doppelter Hinsicht. Nicht nur das Schloß im Gedicht ist Ort der Erinnerung – an die letzte Begegnung mit Goethe dortselbst –, sondern dieser Erinnerungsort wird von der Dichterin Wochen später noch einmal erinnert. Dichtung als Erinnerung der Erinnerung. Daß Marianne das Gedicht aber gerade am 28. Juli niederschreibt (ihrer eigenen Datierung zufolge), hat einen besonderen Grund: Es fehlt nicht nur genau ein Monat bis zu Goethes Geburtstag, sondern an ebendiesem Tag besucht Johann Peter Eckermann Willemers auf der Gerbermühle. Ist nicht Goethe selber anwesend, so doch sein Schatten, der den fernen Freund vergegenwärtigt und zugleich schmerzlich vermissen läßt.

Die Vergegenwärtigung des Vergangenen ist das Thema des Gedichts, und so ist es zu erklären, daß sieben von neun Strophen im Präsens stehen. Nur die dritte Strophe, in der die Erinnerung durch das Nichtauffinden der einstigen Liebeszeichen gestört wird, das Vergangene als Vergangenes also schmerzlich bewußt wird, und die fünfte Strophe, welche die einstige Störung der Liebesidylle durch kriegerischen Lärm erinnert, stehen im Imperfekt. Also nur die Störung der Erinnerung und des Erinnerten hat einen Vergangenheitsriß in der Gegenwart des Erinnerns zur Folge.

Die Gedächtniswanderung des Gedichts beginnt mit einem simultan erfassenden Blick auf die ganze Schloßanlage, dann wendet er sich sukzessiv von Strophe zu Strophe einem Erinnerungsort nach dem anderen zu, und zwar von Osten nach Westen: von der Terrasse und ihrem Berggeländer (der heutigen Scheffelterrasse) vorbei an dem seinerzeit im westlichen Schloßgarten stehenden Baum aus »fernem Osten« – dem Ginkgo biloba – durch »jene Halle«, offenbar die Torhalle des Brückenhauses, durch die man aus dem Innenhof des Schlosses in den Garten tritt, schließlich zum damaligen Brunnen an der bergwärts gelegenen, südlichen Seite des Schloßgartens, wobei die ost-westliche Blickachse von einer nord-südlichen (von der Halle zum Brunnen) überlagert wird. Wie sich die Blickrichtungen überkreuzen, so wechseln sich Architektur (Terrasse, Halle) und Natur (Baum, Quelle) vor dem Erinnerungsblick ab und durchdringen sich.

Wohin auch immer »den Blick das Auge forschend wendet«, wird ihm, der eben kein interesselos naturbetrachtender, sondern ein Erinnerungs-Blick ist, ein Signal »gesendet«, ein vom Gedächtnis an jedem Ort eingezeichneter »Liebesgruß [...] aus meines Lebens freudevollstem Traum«. Das Heidelberger Schloß ist keine Stätte der Lebensprosa, sondern eine Liebes-Traumlandschaft, in der die Dinge zu lebendigen Wesen werden, ja ein »Zauberort«, der die Erinnernde mit der ins Märchenhafte projizierten Macht der Liebesmagie bannt.

Der Schloßgarten ist der Raum der Idylle, ein »Friedensraum«. Doch wie auch in Arkadien der Tod seine Zeichen setzt – »Et in Arcadia ego« –, so meldet sich, wenngleich nur ein einziges Mal in der fünften Strophe, die Gegengewalt zum »friedlichen Geschick«: der nahe Krieg. Ein einziges Mal dringt die Zeitgeschichte in das intime, weltabgeschirmte Erinnerungsgedicht ein. Durch »jene Halle« drangen nach der Rückkehr Napoleons von Elba mehrfach »kriegerische Horden«, nämlich die verbündeten Truppen, in den locus amoenus des Schloßgartens ein. Goethe und Marianne wurden davon unmittelbar berührt, als – nach einem Bericht Mariannes an Emilie Kellner – jubilierende

Das Heidelberger Schloß von Südwesten.
Zeichnung von Johann Christian Xeller, 1825.

russische Soldaten, von Studenten umschwärmt, auf dem Rückmarsch von Frankreich nach der endgültigen Niederlage Napoleons durch die Schloßanlage stürmten und Goethe, der gerade mit seinem Stock einen Vers in den Sand schrieb, unliebsam in seinem poetischen Friedensgeschäft störten. Wenn der Krieg als der »hohe Norden« oder in einer späteren Fassung des Gedichts von Mariannes Hand als der »kalte Norden« personifiziert wird, dann ist genau die Himmelsrichtung bezeichnet, aus der die Soldaten in den Friedensbezirk des Gartens eindrangen; aber der Norden steht überhaupt für die winterliche Gegenwelt zu dem südlichen Liebes- und Friedenstraum Mariannes.

In diesem Traum werden der Garten des Heidelberger Schlosses und der Liebesgarten Hatems und Suleikas aus Goethes ›West-östlichem Divan‹ eins. »Dort jenes Baumsblatt, das aus fernem Osten / Dem *westöstlichen* Garten anvertraut« – das die Dichterin auf ihrer Gedächtniswanderung von Osten nach Westen als Unterpfand ihrer Liebe wieder aufsucht – »Gibt mir geheimnisvollen Sinn zu kosten / Woran sich fromm die Liebende erbaut.« Vom Gingko-Baum im westlichen Schloßgarten hatte Goethe einst Marianne, wie sie Emilie Kellner ebenfalls berichtete, ein Blatt gebrochen und dazu das Gedicht im ›Buch Suleika‹ ersonnen, dessen erste Strophe sie in der vierten Strophe ihres Poems paraphrasiert – damit aber auch dessen andere Strophen mit dem Liebes-Gedankenbild des »Eins und doppelt« insgeheim mitzitiert.

Wie der östliche Baum, so wird auch der Brunnen im Schloßgarten eins mit dem des ›Buchs Suleika‹. Auf dessen Brunnengedicht spielt schon die Strophe mit der ersten Station der Gedächtniswanderung Mariannes an: »An der Terrasse hohem Berggeländer / War eine Zeit sein Kommen und sein Gehn«. – »Von Suleika zu Suleika ist mein Kommen und mein Gehn«, singt Hatem-Goethe selber. »An des lust'gen Brunnens Rand« hat Hatems Hand Suleikas »Chiffer leis gezogen«. – »Die Chiffer von der lieben Hand gezogen / Ich fand sie nicht, sie ist nicht mehr zu sehn«, lauten die beiden Verse, die Marianne in der späteren Fassung ihres Gedichts an die Stelle des dritten und vierten Verses der ursprünglichen dritten Strophe gesetzt hat. »Geheimer Chiffren Sendung« haben Goethe und Marianne immer wieder ausgetauscht, wie das Gedicht ›Geheimschrift‹ im ›West-östlichen Divan‹ andeutet. Marianne hat die Form des Chiffre-Gedichts erfunden, indem sie einzelne Verse und Strophen aus dem Divan des Hafis durch die Zahlen von Band, Seiten und Zeilen bezeichnete und so zu neuen Gedichten zusammenfügte, auf die Goethe nach dem gleichen Prinzip antwortete. In dieses System der Liebessemiotik ist auch das Heidelberger Schloß einbezogen.

»Im Dämmerlichte jener schönen Zeit / Umtönen mich des Freundes hohe Lieder« – merkwürdig, daß es nur die ureigenen Lieder des Freundes sind, keines der von ihr inspirierten Gedichte, nicht ihre Lieder auf Ost- und Westwind. Auch den typischen auftaktlosen vierhebigen Vers so vieler Lieder des ›West-östlichen Divan‹ greift sie nicht auf. Sie verwendet freilich die vierzeiligen kurzen Strophen mit Kreuzreim und Wechsel von weiblichem und männlichem Versende, die den meisten ›Divan‹-Gedichten ihre musikalische Leichtigkeit verleihen, aber sie verlängert die Verse zu jambischen Fünfhebern, die ihnen im Vergleich mit den typischen ›Divan‹-Versen eine leicht pathetische melancholische Schwere verleihen – eben die Schwermut, die der elegischen Situation des Gedichts entspricht. Ihr vermag sich nur das träumerisch geschlossene Auge zu entziehen, der ganz nach innen, in die Erinnerung gewandte Blick, welcher sich in die elegisch beschworene Vergangenheit als idyllische Gegenwart versenken kann. »Zur Gegenwart wird die Vergangenheit.« Doch auf den Inhalt dieser Gegenwart – »glücklich, liebend und geliebt« – läßt der letzte, ins Imperfekt versetzte Vers des sonst fast ganz im Präsens geschriebenen Gedichts den melancholischen Schatten unwiederbringlicher Vergangenheit fallen: Das Hier versinkt – für immer – im »Hier war«.

Der unvergessene, Basler Pehm hat
Burkhardts tiefe Eichendorff-
Kenntnis, seine rheinischen Jahre
im Gewand des »Taugenichts«

B. nennt diese Zeit die „traurigen
Spätherbsttage" des Jahres 1843 - nach
neujähriger Abwesenheit muß er wieder das
„öde Basel" betreten; auf der Rückreise
von Paris hält er in Heidelberg an -
„ganz als Einsiedler verpuppt";
„Mein Aufenthalt in Deutschland, der
doch fast 4 Jahre dauerte, kommt mir
immer mehr wie ein Traum vor..."
schreibt er 1844 an den Bonner
Freund Kinkel -
„Mir ist bisweilen, als stände ich schon
tief im Abendrot, als wolle aus mir nichts
mehr viel werden"

JACOB BURCKHARDT
Abschied von Heidelberg

'S war Herbst; und wie auch mild und lau
                 der Föhn
Durchsäusele die nächtigen Waldeshöhn –
Schon sank doch manches Blatt vom Baume.
Der Scheidende stieg rasch zum Schloß empor;
Dort träumt' er einst den kurzen Liebesflor
Dort nimmt er Abschied jetzt vom Traume.

Lebt wohl ihr Steige, süß im Laub versteckt!
Ihr grauen Mauern eppichgrün bedeckt!
Ihr heimlich düstren Treppengänge!
Und du Terrasse! – In der lauen Nacht
Lag's alles unter ihm in dunkler Pracht,
Die Stadt, der Strom, die Waldeshänge.

Und vom Gebirg zu ihm herüber drang
Des Waldes Duft und ferner Hörnerklang
Und aus dem Thal des Flusses Rauschen –
Und aus den Gärten klang es leis empor
Die alten Lieder drangen an sein Ohr –
Noch einmal mußt' er stehn und lauschen.

Da stieg der Mond herauf, und riesengroß
An die gigantischen Trümmerwände goß
Sich alter Thürme vielgebrochner Schatten.
Die Bäume wogten in dem bleichen Schein
Und wie mit Geisterdrange zog's hinein
Ins Thor der Burg den Lebensmatten.

55

Blick in den Schloßhof. Undatierte Radierung von Reiter.

JACOB BURCKHARDTS ABSCHIED VON HEIDELBERG

Der romantischen Dichtung muß sich, da sie die Gegenwart
für prosaisch und nur Erwartung und Erinnerung für poetisch erklärt, bei der Ankunft oder beim Abschied das vollkommene Bild eines Orts erschließen. Jacob Burckhardt,
der – seine Berliner Studienjahre beendend – vermutlich im
Oktober 1843 auf der Heimreise von Paris nach Basel durch
Heidelberg kommt, wählt das Abschiedsmotiv, wohl deshalb, weil ein Lebensabschnitt der Freiheit und der Entdek-
kungen hinter ihm liegt und Berufspflichten in der Vater-
stadt auf ihn warten. Die vier melancholischen Strophen
sind Teil eines balladesken Gedichts von zwölf Strophen
über die unglückliche Liebe eines Heidelberger Studenten
(was Burckhardt nie gewesen war), der vom Tod seiner Geliebten erfährt, ihre Erscheinung jedoch im Mondlicht auf
der Schloßruine erblickt, ihr nachklettert und dabei ab-
stürzt. Dieses Gedicht, das als Ganzes nie veröffentlicht
wurde, ist wiederum Teil eines Reisebriefes an seine Bonner
Freunde Gottfried und Johanna Kinkel. Der vorliegende
Text, d. h. die Strophen 4 bis 7 aus jenem Gedicht, wurde
erstmals am 27. August 1844 in der Prager Zeitung ›Der
neue Tag‹ gedruckt, hundert Jahre später, am 23. Mai 1944,
in den ›Heidelberger Neuesten Nachrichten‹, danach in den
Heidelberg-Anthologien von Emil Hartmann und Michael
Buselmeier. Seit der ›Heidelberger Romantik‹ existiert ein
Typus lyrischer Heidelberg-Dichtung, den die Herausgeber
von Zeitungen und Sammelbänden um ein weiteres Exem-
plar zu vermehren hofften, als sie aus Burckhardts erzählen-
dem Poem einen passenden Abschnitt auswählten. Man
darf daher dieses Fragment, aus seinem moritatenhaften
Rahmen gelöst, als den überlieferten Text ansehen, sollte er

auch ohne Burckhardts Zutun zustande gekommen sein. Gewiß hat er dadurch gewonnen, daß in diesem Ausschnitt der Abschied von der Geliebten dem Abschied von der Stadt, die zur eigentlichen Geliebten wird, untergeordnet ist.

Die Abschiede häufen sich hier. Wie ein Märchen beginnt die erste Strophe mit dem Präteritum »'S war...«. Es war die Zeit, da das Jahr Abschied nimmt: »Herbst«. Wo alles zu Ende geht, kann auch der, der nun auftritt, nur ein »Scheidender« sein, der sich zudem an ein früheres Scheiden am gleichen Ort erinnert, an »den kurzen Liebesflor«. Was er spricht, ist ein Abschiedswort: »Lebt wohl...« Es ist »Nacht«, die Zeit also, da Tag und Licht vergangen sind. Sinneseindrücke, die nur kurze Zeit haften, dringen zu dem »Scheidenden«, Duft und Klang, und Zeugnisse der Vergangenheit, »alte Lieder«, »noch einmal« – bald also nicht mehr. Dem seelischen Zustand des »Lebensmatten« entspricht der materielle Zustand der Dinge, die er zum letzten Mal sieht; auch sie haben von ihrem einstigen Dasein Abschied genommen und sind nur noch »Trümmer«, »Schatten«, »Schein«, »Geister«. Ort, Zeit, Motive, Substantive, Adjektive, Adverbien, Tempus, Anrede wiederholen also in lyrisch erzählender Rede das eine Thema des Abschieds, das durch solche Häufung fast eine tröstliche Wendung erhält: Wer scheiden soll, aber ringsum alles scheiden sieht – den Tag, das Jahr, das Leben, die Geschichte – , der steht nicht allein, sondern in Übereinstimmung mit dem Weltlauf. Ihn zieht es in die Ruine, als wäre er hier zu Hause. Das Subjekt, das sich seinen Erinnerungen überläßt, vernimmt in einer Szenerie großer Erinnerungen sein eigenes Echo.

Zwar fällt der Name nicht, doch verweist die Szenerie unzweideutig auf Heidelberg. Als die Strophen zum erstenmal publiziert wurden, waren aus zahlreichen romantischen Gedichten die Details – Schloß, Efeu, Wald, Fluß, Gärten,

Lieder, Trümmer, Türme – den Gebildeten bereits so vertraut, daß sie nur auf Heidelberg raten konnten. Sie erkannten darin die auffällige Topographie der Stadt wieder, aber auch die Zitate aus den Gedichten, die schon ein halbes Jahrhundert lang diese Topographie besungen hatten. Ehe Burckhardts Gedicht beginnt, ist es bereits dreimal an Ort und Stelle gedichtet worden: von der schönen Natur des Neckartals, von der Historie der Stadt, von anderen Dichtern. Für die Generation, die um 1800 Heidelberg zu einer Ausnahme unter den deutschen Städten und im eigenen Leben erklärte, gingen hier sichtbare Wirklichkeit und lyrische Sprache ineinander über. Eben diese Übereinstimmung galt – und gilt noch immer – als »romantisch«. Einzug und Ankunft in Heidelberg wurden wie eine Initiation in die real gewordene Poesie erfahren oder zumindest beschworen. Originell ist Burckhardts eigentlich epigonale Replik auf Arnim, Loeben, Eichendorff oder Schenkendorf darin, daß sie nicht den Zauber des ersten, sondern des letzten Anblicks als lyrischen Moment wählt, um im Abschied die erste Erkundung (die immer vom Fluß zum Schloß hinaufführt), den Verlust (beim Rückblick von der Terrasse) und den Besitz für immer (in der zum Gedicht verfestigten Erinnerung) gleichzeitig zu genießen.

Burckhardts Gedicht gibt gar nicht vor, daß es die Schönheiten Heidelbergs entdecke. Vielmehr zollt es ihnen seinen Tribut, indem es zu den »alten Liedern« ein weiteres hinzufügt. Burckhardt kam, kaum anders als ein heutiger Tourist, nur kurz nach Heidelberg, angezogen von dem, was er darüber gehört hatte. Doch anders als ein heutiger Tourist begnügte er sich nicht damit, seinen Aufenthalt mit gedruckten Stadtprospekten, den Vorläufern unserer Ansichtskarten, zu dokumentieren. Der Gebildete, der noch in der klassisch-romantischen Tradition lebte, mußte die Antwort auf die außerordentliche Schönheit, die vor ihm lag, selbst im Metier der Schönheit wiedergeben: mit einer Zeichnung (wie Burckhardt sie von vielen Orten, die er gesehen hat, anfertigte) oder mit einem Gedicht. Der größere Teil der Gedichte, die Jacob Burckhardt in jungen Jahren häufig, später selten schrieb, sind Reisebilder, lyrische Porträts kunst- und geschichtsträchtiger Städte, vor allem in Italien. ›Ferien‹ heißt eine Sammlung seiner Gedichte (1849): Zu besonderer Zeit kommt an herausgehobenen Orten eine nicht-alltägliche Sprache zu Wort, die poetische.

An der Bevorzugung solcher Sujets, in denen eine kulturell bedeutsame Außenwelt Anerkennung und Responsion beim Betrachter findet, zeigt sich die künftige Bestimmung des jungen Dichters: Sie wird nicht in der Dichtung liegen, sondern in der Geschichte und Kunstgeschichte. Dem Gedicht des Fünfundzwanzigjährigen merkt man den Dilettantismus des Gelegenheitsdichters und zugleich die Berufung zum Historiker an. Ungelenk ist der Beginn der Strophe mit der Elision »'S war Herbst«, unrein der Reim »goß« (mit kurzem Vokal) auf »riesengroß« (mit langem Vokal), nachlässig die Wiederkehr des Reimwortes »empor« in der ersten und dritten Strophe (was Burckhardt in einem späteren Brief an Johanna Kinkel zu korrigieren versuchte), unlogisch gar der Übergang vom Präteritum der Erzählung in der ersten Strophe zum Präsens der Anrede in der zweiten. Doch gerade an dieser Ungeschicklichkeit, daß nämlich die lyrische Stimmung, die ein »Ich« erfordert, in einer Erzählung vorgetragen wird, die von einem »Er« handelt, macht sich Burckhardts Wunsch nach Objektivierung bemerkbar. Zurückhaltung des Ich und Hingabe an die Gegenstände sind Tugenden des Geschichts- und Kunstgelehrten. Er will nichts bewirken; ihm genügt es, die übermächtigen Wirkungen der Dokumente und Werke zu verspüren und zu beschreiben. Diese notwendige Passivität des Umgangs mit der Vergangenheit hat in den letzten Versen ihren grammatischen und bildlichen Ausdruck gefunden: Der »Lebensmatte« regiert nicht den Satz, er ist vielmehr Akkusativobjekt eines Es (»zog's«), das ihn »ins Tor der Burg« hineinzieht. »Bei diesen Altertümern mag« er, wie es in einem anderen Gedicht Burckhardts (›Asyl‹) heißt, »Conservator werden«.

Burckhardt war auf der Rückreise von Paris, wo er einige Monate in der Bibliothèque Nationale studiert hatte, nach Heidelberg gekommen. Auch auf Paris, das mehrere Revolutionen hinter sich und bald wieder eine vor sich hatte (in einem Brief hatte Burckhardt die nächste »Explosion« bereits angekündigt), schreibt er ein Gedicht. Darin prophezeit er der großen Stadt: »Dies alles bricht dereinst in Schutt und Graus zusammen / Und aus den Trümmern stöhnt's: Dahin!«

Und wo noch Säulen stehn mitten in Schutt und Jammer,
Da heißt es: hier war einst die Deputiertenkammer,
        Und dort das Tor vom Institut!
Noch glänzt ein Säulenwald – Das war die Madeleine,
Vom Pont-neuf ragen noch zwei Pfeiler in die Seine;
        Der Louvre ist ein Wall von Schutt.

Der Anblick der Heidelberger Ruine, Resultat einer Explosion, mußte ihn, den apokalyptische Vorstellungen bedrängten, beruhigen. Dieser Ort hatte die Katastrophe längst hinter sich, die der Hauptstadt des 19. Jahrhunderts noch bevorstehen sollte. Die Vergangenheit ist der einzige Zeitraum, den die Apokalypse nicht mehr bedrohen kann.

Ein Gelegenheitsgedicht, auf einen Briefbogen notiert, aus dem Nachlaß

GOTTFRIED KELLER

Schöne Brücke ...

Schöne Brücke, hast mich oft getragen,
Wenn mein Herz erwartungsvoll geschlagen
Und mit dir den Strom ich überschritt.
Und mich dünkte, deine stolzen Bogen
Sind in kühnerm Schwunge mitgezogen
Und sie fühlten meine Freude mit.

Weh der Täuschung, da ich jetzo sehe,
Wenn ich schweren Leids hinübergehe,
Daß der Last kein Joch sich fühlend biegt;
Soll ich einsam in die Berge gehen
Und nach einem schwachen Stege spähen,
Der sich meinem Kummer zitternd fügt?

Aber sie, mit anderm Weh und Leiden
Und im Herzen andre Seligkeiten:
Trage leicht die blühende Gestalt!
Schöne Brücke, magst du ewig stehen,
Ewig aber wird es nie geschehen,
Daß ein beßres Weib hinüber wallt!

Lebenslauf

Hoch auf strebte mein Geist, aber die Liebe zog
  Schön ihn nieder; das Leid beugt ihn gewaltiger;
    So durchlauf ich des Lebens
      Bogen und kehre, woher ich kam.

(Hölderlin)

Wie man in den Wald hineinschreit, so tönt es heraus. »Was
man scharf ansieht, scheint einen auch scharf anzusehen,
daher die wahre und die falsche Inkraft (instress) der Natur
...«, sagt Gerard Manley Hopkins. Narzißtisch spiegeln
wir uns in der Natur. Sie ist unser Echo. So auch die Natur
eines anderen Menschen, wenn wir sie lieben. Dem sollte
Keller entkommen. Der Grillenfänger wollte der romantischen Grille entrinnen. »Ich ging auf den grünen Bergen zu
Heidelberg spazieren, wo man in die Hardt hinüber sieht.
[...] Hinter mir hervor aber kam der Neckar, dem gebro-
chenen Bergpalaste vorbei (›wo er vorbei dir glänzt‹, hatte
Hölderlin geschrieben), und schlängelte sich ebenfalls in das
flache Land hinaus. [...] Ich spekulierte just über die Art
von Sehnsucht, welche das Anschaun eines schönen Land-
strichs in uns erweckt; denn schon oft glaubte ich beobachtet zu haben, daß die schönste Landschaft, gerade weil sie so
schön ist, noch irgendeine Befriedigung unerfüllt läßt und
irgend einer unbekannten Ergänzung mangelt. Besonders
die klare Ferne tut dies aller Orten, so wie fern glänzendes
Wasser. Ebenso überkommt einen dieses Gefühl in einem
tüchtigen (sic!), stillen Wald, wenn man allein ist. Wie ich
also darüber nachdachte, was dies Fehlende wohl sein möge,

gingen Fremde an mir vorbei und ließen das Wort ›romantisch‹ in meine Ohren fallen.« (Gottfried Keller: Die Romantik und die Gegenwart. Eine Grille.)

Der Musenvogel, die Zikade, wird im Norden von der Grille vertreten. Seit der Neuzeit gibt es die Tendenz, ihn als »eine Grille« zu diffamieren, als »Spleen«. Das tapfere Kellerlein wurde auch vor diese Prüfung gestellt, durch Ludwig Feuerbach und durch die Zikade selbst, Johanna Kapp. – »Freunden und Bekannten des Fräulein Johanna Kapp machen wir die Mittheilung dass dieselbe heute Mittag 1 Uhr sanft verschieden ist. Neuenheim, 17. Mai 1883. Die trauernden Hinterbliebenen.«

Als ich mir 1963 in einem Heidelberger Antiquariat das Buch ›Heidelberg und die deutsche Dichtung‹ von Philipp Witkop kaufte, lag darin der Totenzettel. Den hab ich scharf angeschaut, und da schlug er zurück. Gottfried Keller hatte von 1848 bis 1850 in Heidelberg gelebt und sich dort in die Tochter des Philosophen Christian Kapp verliebt, die ihrerseits Feuerbach – unglücklich – liebte, und der wiederum ... »Es ist eine alte Geschichte, Doch bleibt sie immer neu; Und wem sie just passieret ...« Keller ist als »Realist« bekannt geworden, als »Erzähler«, der davon nie erzählt hat. Johanna ist ein »Fräulein« geblieben und wiederholt in psychiatrischen Anstalten »gesund« gequält worden.

Unlustig über die selbstgewählten ›Sachzwänge‹ einer Interpretation schrieb ich folgendes Gedicht:

Iris pseudacorus

Wie das Vögeln im Wald
über die Gipfel fliegt ...

Der Regenbogen deiner Augenbrauen,
ach Iris, du, mit dem beschwingten Schritt.

Die Liebe hat vom Bogen deiner Lippen,
doppelt geschwungen, mich ins Herz getroffen.
Die schöne Brücke mit dem Musenschritt
hat mich, den kaum Erträglichen, getragen.
Die Alte Brücke bleibt so immer jung,
wenn Hölderlin und Keller sie betreten.

... schwingt sich über den Strom,
wo er vorbei dir glänzt,

leicht und kräftig die Brücke.

Das sieht in eins, was Keller und Hölderlin gesehen und erlebt haben, im Kopf und außerhalb: die Musenbrücke mit neun Pfeilern. Nur ein schlechter Analytiker will wegmachen, was uns denn einfällt. Beschwingt sind sie da hinübergegangen, beschwingt vom eigenen Schritt und vom Schritt ihrer Musen. »Wie der Vogel des Walds über die Gipfel fliegt ...« Bogen für Bogen haben sie den Bogen begangen über den inzwischen trüb gewordenen Fluß, in dem sich noch immer der Himmel narzißtisch spiegelt, worin die (Heiligen-) Berge hüpfen wie eine Grille.

»Schöne Brücke, magst du ewig stehen« – später hat es sie echt zerrissen, nicht aufgrund eines Gefühls, sondern eines Befehls, unter Zuhilfenahme von Dynamit, der segensreichen Quelle des Nobelpreises, auch für Literatur. Das war 1945. Sie wurde wieder aufgebaut. Da steht sie, eine materiell auferstandene Grille des kurfürstlichen Baumeisters. Ist sie eine goldene Eselsbrücke nach »Arkadien«, zu Apulejus und Demokrit? Ja, das ist sie, eine real existierende ...

Seit meiner Studentenzeit kann ich eine Erinnerung an Gottfried Keller nicht vergessen: Er hatte immer Zeit. Wenn man ihn besuchte, hatte er bereits gearbeitet. Heute weiß

Kapp'sche Villa und Brücke. Aquatintaradierung von J. Hausheer nach einer Zeichnung von Johannes Ruff.

ich, er hat gar nicht »gearbeitet«, er hatte Einfälle, wie ich altes Haus, sprunghafte Grillen.

»Pseudacorus«, das ist der ›falsche‹ Kalmus, die gelbe Wasserschwertlilie, die am Neckarufer – noch – blüht. »Iris« ist der Regenbogen. Und auch der priapische ›echte‹ Kalmus grünt dort noch heute, seit Whitman das Erkennungszeichen der Dichter. Es gibt das Kinderfoppspiel, wenn es einem gelinge, unter dem Regenbogen durchzurennen, könne man sein Geschlecht umtauschen. Tatsächlich kann der Vater eine Tochter zeugen, die Mutter einen Sohn.

»Immer denkst du an Sex«, sagen meine Freunde. Nein, Denken *ist* Sex! Verknüpfen, Verkuppeln von Dingen und Dingern, die nichts miteinander zu tun haben sollten. »Hoch auf strebte mein Geist, aber die Liebe zog / Schön ihn nieder.« Das ist die ›schöne‹ Parabel des Liebesbogens als Leuchtspur ...

Angesichts dieser Bögen ist Keller mit Johanna spazierengegangen. Die »Schöne (inzwischen Alte; Neu-alte) Brücke« und der Kalmus stehen, die Iris blüht wieder. Es sind die alten Gestalten. Die neuen, wenn sie über die Brücke gehen, sind »blühende«. »Ewig aber wird es nie geschehen, / Daß ein beßres Weib hinüberwallt.« Die Liebe macht jedes Weib zum trefflichsten, und umgekehrt. Sie trifft immer ins Schwarze.

Neun Pfeiler sind drei mal drei Musen. Gerhard vom Hofe hat darauf hingewiesen, daß es sich bei der »Schönen Brücke« um ein Triptychon handelt, die drei Strophen zeigen Vergangenheit, Gegenwart und Zukunft. Zuletzt die fast noch romantisch-mittelalterliche Verklärung einer »Heiligen«. Pfeiler und Bögen, Schritt und Schritt. Die »Schöne Brücke« ist ein Dreisatz. Hier verweilen die Karyatiden des beschwingten Glücks. Hans Magnus Enzensberger hat in einem frühen Gedicht verraten, ›Warum ich schön sage‹. Der »schwache Steg« in der Gegenwartsstrophe wirkt unfreiwillig komisch, wie ein Sprungbrett ins Unglück.

In Abwandlung eines Sinngedichts von Angelus Silesius könnte man sagen:

Daß wir der Himmel sind, in den sie auferstehen,
das kommt uns in den Sinn, wenn wir hinüber gehen.
Worauf ich deute, das deutet mich heute.

Einzug in Heidelberg

Doch da sie jetzt um einen Fels sich wandten,
Tat's plötzlich einen wunderbaren Schein,
Kirchtürme, Fluren, Fels und Wipfel brannten,
Und weit in's farbentrunkne Land hinein
Schlang sich ein Feuerstrom mit Funkensprühen,
Als sollt' die Welt in Himmelsloh'n verglühen.

Geblendet sahen zwischen Rebenhügeln
Sie eine Stadt, von Blüten wie verschneit,
Im klaren Strome träumerisch sich spiegeln,
Aus lichtdurchblitzter Waldeseinsamkeit
Hoch über Fluß und Stadt und Weilern
Die Trümmer eines alten Schlosses pfeilern.

Und wie sie an das Tor der Stadt gelangen,
Die Brunnen rauschend in den Gassen gehn,
Und Hirten ferne von den Bergen sangen,
Und fröhliche Gesell'n beim duftgen Wehn
Der Gärten rings in wunderlichen Trachten
Vor ihrer Liebsten Türen Ständchen brachten.

Der Wald indes rauscht von uralten Sagen,
Und von des Schlosses Zinnen über'm Fluß,
Die wie aus andrer Zeit herüberragen,
Spricht abendlich der Burggeist seinen Gruß,
Die Stadt gesegnend seit viel hundert Jahren
Und Schiff und Schiffer, die vorüberfahren.

In dieses Märchens Bann verzaubert stehen
Die Wandrer still. – Zieh' weiter, wer da kann!

So hatten sie's in Träumen wohl gesehen,
Und Jeden blickt's wie seine Heimat an,
Und Keinem hat der Zauber noch gelogen,
Denn *Heidelberg* war's, wo sie eingezogen.

<>

SABINE FRANKE
UND JEDEN BLICKT'S WIE SEINE HEIMAT AN

Deutlich romantisch vor allem blickt's den heutigen Leser der Eichendorffschen Strophen an: »wunderbar« scheint, brennt, sprüht und glüht uns die »farbentrunkne« und ›träumerische‹ Landschaft entgegen, eine Landschaft, deren Komponenten Wald, Stadt, Fluß und Schloßruine wie belebt erscheinen. Religiöse Überhöhung der Natur, Ruinenkult, Volksidyll, Waldeinsamkeit, Märchen, Sagen- und Traumwelt – hier findet sich praktisch alles, was zum romantischen Lebensgefühl gehört. Und eben so will Eichendorff es, wie er in seinem Aufsatz ›Halle und Heidelberg‹ schreibt, während seiner Heidelberger Studentenzeit 1807/08 erlebt haben: »Heidelberg ist selbst eine prächtige Romantik; da umschlingt der Frühling Haus und Hof und alles Gewöhnliche mit Reben und Blumen, und erzählen Burgen und Wälder ein wunderbares Märchen der Vorzeit, als gäb' es nichts Gemeines auf der Welt«. Diese Erfahrung führte zu einer Romantisierung Heidelbergs, die Eichendorffs ganzes Werk durchzieht – bis hin zu dem späten Versepos ›Robert und Guiscard‹, an dessen Ende sich jene Strophen finden, die wie ein eigenständiges Gedicht auf Heidelberg wirken und in verschiedenen Anthologien mit dem Titel ›Einzug in Heidelberg‹ bedacht wurden.

Das Epos ›Robert und Guiscard‹ entstand 1854, drei Jahre vor Eichendorffs Tod. Der Blick wird jedoch zurückgelenkt auf das erschütterndste Ereignis von Eichendorffs Jugend, die Französische Revolution von 1789. In syntaktisch und bildlich kunstvoll verdichteten Strophen und im gleichmäßigen Rhythmus fünfhebiger Jamben wird die Geschichte der Brüder Robert und Guiscard erzählt, die sich in der Französischen Revolution entgegengesetzten Parteien anschließen und im Kampf aufeinandertreffen. Robert, idealistisch auf Seiten des Volkes, sticht bei der Erstürmung des eigenen Familienschlosses Clairmont seinen Bruder nieder und glaubt fortan, ihn getötet zu haben. Er selbst stirbt einige Zeit später, als er sein Freiheitsideal im Terror der Revolution untergehen sieht, zwischen den Fronten vor dem väterlichen Schloß. Sein royalistischer Bruder Guiscard überlebt indessen die Verwundung und flieht, wie viele Adlige in der Revolutionszeit, mit seiner Braut, die romantischerweise eine Gärtnerstochter ist, vor der mordenden Meute nach Deutschland.

Im ganzen Versepos ähneln sich die Orte Heidelberg, wo der Erzähler die Geschichte beginnen läßt, und Clairmont, wo sie vor der Flucht spielt, auf eine geradezu verwirrende Weise. Beide Orte haben Schlösser, die an einem Berghang inmitten von Wäldern über einer Stadt am Strom liegen. Beide Orte sind gekennzeichnet von Brunnen, singenden Menschen, Jägern, einem kleinen Haus mit prächtigem Garten:

> Als ich dereinst in Heidelberg studierte,
> Stand dort ein kleines Haus, duftig umweht
> Vom Lindengange, der zum Schloßberg führte,
> Ich weiß nicht, ob es jetzt noch droben steht,
> Denn viele, viele Jahre sind vergangen,
> Seit wir dort unsre ersten Lieder sangen.

So erinnert sich der Erzähler mit der ersten Strophe an den Ort, wo er die Geschichte von Robert und Guiscard erstmals gehört hat und wo sie auch ihr Ende findet:

> Seitdem war mancher Reisetag vergangen,
> Schon blitzt von fern des Rheines Silberband,
> Wohin der Heimat Laute nicht mehr langen,
> Und abendlich färbt' sich das fremde Land,
> Als in geheimnisvoller Berge Mitten
> Durch Waldesnacht die Wandermüden ritten.

Überhaupt sind die Geschehnisse und ›Wirrungen‹ geradezu in einen Eichendorffschen Wald eingebettet, mit Hilfe dessen die jeweilige Stimmung vermittelt wird. Aus »Waldesnacht« kommend, erblicken die Reisenden nun – geographisch korrekt – nach einer Wegbiegung unversehens vor sich die ideale Stadt. Hier markiert der Wald die Grenze zwischen Fremdem und Bekanntem, zwischen Niedergeschlagenheit und Erfüllung: Denn der Einzug in Heidelberg kommt einer Rückkehr in heimatliche Verhältnisse gleich. Als die Flüchtenden ihre Heimat verließen, »leuchteten die Lohen / Des Schlosses weit den Heimatlosen nach«, und nun werden sie wiederum von einer Art Feuer und einem – zerstörten – Schloß empfangen, doch entspringt dieser Anblick nicht etwa einer neuen Katastrophe. Der »wunderbare Schein« der ersten Strophe, der die Landschaft wie brennend wirken läßt, ist zunächst einmal auf die untergehende Sonne zurückzuführen, die sich im Neckar spiegelt und die Umgebung in farbiges Licht taucht. Im Spiegel des Flusses vollzieht sich eine Vereinigung der Elemente Wasser und Feuer zu einem numinos wirkenden »Feuerstrom mit Funkensprühen«, sprachlich im Parallelismus der Komposita und in den Alliterationen verdichtet. Zugleich und zusätzlich wird das Panorama aber noch durch das Bild des lohenden Him-

73

[handschriftliche Notiz am unteren Rand:] in den Funkensprören Tagebüchern eine eher ambivalente Stimmungslage – das Fremdsein wird sogar stilisiert: Die Brüder sprechen schwäbisch miteinander

[handschriftliche Notiz am rechten Rand:] Verklärung

Heidelberg von Osten.
Aquarell über Bleistift von Carl Rottmann, 1815.

mels in geradezu apokalyptischer Weise überhöht. Und fast erscheint Heidelberg als eine Vorwegnahme jenes goldenen Jerusalem, das gemäß der Offenbarung des Johannes am Ende der Zeiten vom Himmel herabsteigen wird. – Eingeflossen in diese Verklärung Heidelbergs sind vermutlich Erinnerungen Eichendorffs an das mitunter außergewöhnlich eindrucksvolle Abendrot über Heidelberg, das der Dichter während seiner Studentenzeit mehrfach beobachtet und in seinen Schriften mit der biblischen Vorstellung der göttlichen »Feuersäule« in Verbindung gebracht hat.

Indem die Reisenden nun näher auf die Stadt zukommen, wird sie in charakteristischen Einzelheiten ansichtig. Eichendorff läßt allerdings die Brücke, die so vielen als Wahrzeichen Heidelbergs und als bedeutungsvoller Ort erschien, völlig außer acht; seine Beobachtung gilt weiterhin dem »klaren Strome« und der träumerisch-beschaulichen Spiegelung der Stadt darin. Geblendet von den beschriebenen Eindrücken sind die Betrachter doch sehend, und was sie sehen, gleicht einer Vision. Natürlich wird auch das Schloß genannt, und es ist mit dem Eichendorffschen »pfeilern« so treffend beschrieben, daß es verwundert, daß diese Vokabel nicht zum festen Bestandteil der Beschreibungen des Heidelberger Schlosses geworden ist.

In der dritten Strophe hat man sich der Stadt so weit genähert, daß sie nun auch hörbar ist: Brunnen rauschen, die Menschen singen. Den Einziehenden bietet sich der klassische locus amoenus dar, eine pastorale Idylle. Bezeichnend für diesen Ort ist jedoch nicht nur sein stimmungsvolles In-Sich-Ruhen, sondern auch sein verläßlich scheinender Friede. ›Uralte Sagen‹ befestigen seinen Ruf, das zerstörte Schloß ragt »wie aus andrer Zeit herüber«, und der Burggeist ist ein guter und beständiger Geist, der »seit viel hundert Jahren« die Vorüberziehenden grüßt und segnet. Aus diesem Material sind Märchen, und wie ein Märchen wird

die Stadt auch erlebt. In ihr finden die Suchenden das Ideal-
bild ihrer Träume, und wer sich ihr nicht durch Weiterreise
entziehen kann oder will, gerät in ihren Bann. Ganz selbstverständlich wird anerkannt, daß es sich hierbei um einen
Zauber handelt, zumal konstatiert wird, daß hier die Sehn-
süchte aller Menschen gemeinsam ihre Erfüllung finden:
»Und Jeden blickt's wie seine Heimat an, / Und Keinem hat
der Zauber noch gelogen.« Im Kontext des Versepos wird
Heidelberg so zum Ort einer positiven Wendung der geschichtlichen Wirren, zumindest für die einzelnen Reisenden, die hier Ruhe, Frieden und eine Heimat erreichen.
»Und saßen dort sie so beim Waldesrauschen, / Das nimmer
weiß von der Welteitelkeit, / Mit keinem Kön'ge mochten
sie da tauschen / In dieser abendstillen Einsamkeit«, so heißt
es abschließend.

Die fünf Heidelberg-Strophen aus ›Robert und Guiscard‹
sind um den konkreten geschichtlichen Hintergrund ver-
kürzt. Es bleibt die paradoxe, als Verzauberung gedeutete
Grunderfahrung des Ankommens an einem vorher nicht ge-
kannten Ort, der dem Menschen, der ihn glücklich entdeckt, wie auf eine natürliche Weise gerecht wird und von
ihm als Heimat empfunden wird. Daß dies in dem einst von
französischen Truppen zerstörten Heidelberg nunmehr
französischen Flüchtlingen widerfährt, steigert den versöh-
nenden Gehalt des Gedichts – und lief seinerzeit der eben
beginnenden Stilisierung des Heidelberger Schlosses zum
antifranzösischen Nationaldenkmal zuwider.

Das späte Versepos ›Robert und Guiscard‹ reflektiert die
Erfahrungen von Eichendorffs Studentenzeit und bringt
die Romantisierung Heidelbergs zu einem abschließenden
Höhepunkt. Aber die Jahre der Romantik waren vorüber,
und viele Zeitgenossen reagierten ablehnend. Der Rezen-
sent der Leipziger ›Blätter für literarische Unterhaltung‹ be-
merkte mit Blick auf ›Robert und Guiscard‹: »Alles ›träumt‹

bei Eichendorff; über Alles streut er den romantischen Mohn«, und das war ganz und gar nicht positiv gemeint. Als überholt empfand auch Theodor Storm das Epos, wie aus einem Brief vom 8. Mai 1855 an Paul Heyse hervorgeht: »Der alte Eichendorff hat ein Gedicht: ›Robert u. Guiskard‹ edirt; es sind noch die alten Worte, aber es ist keine Anschauung mehr dahinter«. Gleichwohl ist festzustellen, daß Eichendorff mit den Schlußstrophen von ›Robert und Guiscard‹ Hölderlins Ode auf Heidelberg bestätigt und Heidelberg vollends zum Inbegriff von Heimat und zum idealen Sehnsuchtsort aller nachgeborenen Romantiker, auch heutiger, gemacht hat. Freilich, welche Stadt vermöchte es, diesem Ideal auf Dauer zu entsprechen – und zumal in heutiger Zeit.

JOSEPH VICTOR SCHEFFEL

Alt-Heidelberg

Alt-Heidelberg, du feine,
Du Stadt an Ehren reich,
Am Neckar und am Rheine
Kein' andre kommt dir gleich.

Stadt fröhlicher Gesellen
An Weisheit schwer und Wein,
Klar ziehn des Stromes Wellen,
Blauäuglein blitzen drein.

Und kommt aus lindem Süden
Der Frühling übers Land,
So webt er dir aus Blüthen
Ein schimmernd Brautgewand.

Auch mir stehst du geschrieben
Ins Herz gleich einer Braut,
Es klingt wie junges Lieben
Dein Name mir so traut.

Und stechen mich die Dornen
Und wird mirs drauß zu kahl,
Geb ich dem Roß die Spornen
Und reit ins Neckarthal.

Titelbild zu Scheffels ›Gaudeamus!‹ der Ausgabe von 1885;
im Hintergrund das Heidelberger Schloß.

Kaum ein anderer deutscher Dichter ist schon zu Lebzeiten derart mit Zeichen der Wertschätzung überhäuft worden wie Joseph Victor Scheffel. Im Kaiserreich galt er als »Lieblingsdichter der Deutschen«, ein »gottbegnadeter Poet«, dazu geboren, das Wahre, Gute und Schöne zu preisen. Sein Name wurde zusammen mit dem Goethes genannt. Bereits 1876 wurde Scheffel geadelt; er war Ehrenbürger der Städte Radolfzell, Karlsruhe und Heidelberg. Seine Beerdigung am 12. April 1886 nahm die Form einer »Nationalfeier« an. Schon bald wurden ihm Denkmäler errichtet; Straßen, Plätze und Seen, Terrassen und Wirtshäuser wurden nach ihm getauft, Gedenkräume, literarische Gesellschaften und Auszeichnungen in seinem Namen gestiftet.

Dabei sind Scheffels wesentliche Werke – das Versepos ›Der Trompeter von Säkkingen‹ (1854), der historische Roman ›Ekkehard‹ (1855) und die in dem Band ›Gaudeamus‹ (1868) zusammengefaßten Gedichte – lange vor der Reichsgründung entstanden und gehören weit eher in den Rahmen der gescheiterten Revolution von 1848/49. Fraglos hing der Heidelberger Jurastudent (zwischen 1844 und 1847 im 3. Stock des Hauses Friedrichstraße 8 wohnend) dem liberalen Literaturhistoriker Gervinus an und war anschließend als Sekretär des Abgeordneten Karl Theodor Welcker an den Geschehnissen in der Frankfurter Paulskirche beteiligt.

Bereits zu Lebzeiten zur Legende geworden, hat Scheffel noch lange im Bild des weinfrohen Wandersmannes und Dauerstudenten überlebt. Doch in den zwanziger Jahren verblaßte sein Ruhm, und bald wurde es vollkommen still um ihn. Während seine Werke einst ungeheure Erfolge erzielten – allein der ›Trompeter von Säkkingen‹ erschien 1921 in der 322. Auflage –, sind sie heute vom Buchmarkt gänzlich verschwunden. Die Germanisten, die Scheffel einst in den Olymp trugen, sehen in ihm nun einen Trivialautor, wenn sie ihn nicht, wie Stefan George und der philosophische Ästhetiker Kuno Fischer, als »Saufpoeten« abkanzeln. Daß dieser »kerndeutsche« Biedermann in Wahrheit ein Melancholiker war, ein (Ehe-)Versager, zeitlebens kränkelnd und schwer depressiv, paßt nicht ins Klischee der Verächter wie der Verehrer.

Von Neujahr 1850 bis September 1851 hatte Scheffel sein erstes festes Amt inne, das eines Dienstrevisors in der Kleinstadt Säckingen, am Oberrhein zwischen Basel und Konstanz gelegen. Im Dezember 1851 ließ er sich von seinem strengen Vater bestimmen, als Sekretär beim Hofgericht in Bruchsal anzutreten, wo er bis Mai 1852 ausharrte. In jener Zeit pendelte er zwischen dem Elternhaus in Karlsruhe, dem Amt in Bruchsal und dem Freundeskreis des »Engeren« in Heidelberg. Besonders in der Gesellschaft der Freunde (Ludwig Häusser, Pfarrer Schmezer und andere) vergaß Scheffel die trüben Gedanken, die in dem Gefühl wurzelten, einem falschen Beruf zu leben. War er vom heiteren Heidelberger Kreis abgeschnitten, verfiel er in Melancholie.

In solcher Stimmung, beflügelt von Sehnsucht nach dem Ort der Jugendträume, dürfte im Winter 1851/52 das Lied ›Alt-Heidelberg‹ entstanden sein, das Scheffel später in das zweite Stück des 1854 erschienenen ›Trompeters von Säkkingen‹ eingefügt hat. Am 20. Februar 1852 schreibt er an seinen Freund Schwanitz: »In mir hat sich allmählich ein Gefühl unendlichen Ekels angesetzt, das noch einmal zu irgend einer Explosion kommen wird. [...] Bruchsal ist eine langweilige Seestadt, und Sekretär am Hofgericht ist eine langweilige soziale Position. Die ganze lebensfrische Anschauung der Dinge wird durch dieses ewige Aktenlesen, durch diese Hantierung mit Tinte und Feder demoralisiert. Ich halt's nicht mehr lange aus und bin schier im Begriff, meinen Glauben an die Rechtswissenschaft selber zu verlieren. Ich stehe ganz allein (?), – niemand kennt oder versteht mich (?), Erfahrung und Menschenverachtung hat mich selbst schweigsam, mißtrauisch, spürnasig gemacht, – höchstens fahr ich einmal nach Heidelberg zu meinem Graubündener Reisegefährten, Professor Häusser [...].«

Dies zum existentiellen Hintergrund des ›Alt-Heidelberg‹-Gedichts, der wohl populärsten deutschen Stadthymne. Sie hat einen einschmeichelnden Rhythmus, berückend leicht und heiter beschwingt; nichts Dumpfes kommt auf. Sie ist in schlichte Strophen und Kreuzreime gefaßt und bewegt sich im jambischen Metrum, dem Tonfall des Volkslieds. »In einem kühlen Grunde / Da geht ein Mühlenrad [...].« Wie Eichendorffs Lied ist auch ›Alt-Heidelberg, du feine‹ aus stereotypen Wendungen gebaut: »du feine«, »an Ehren reich«, »am Neckar und am Rheine«, das paßte auf so manche Stadt am Neckar und am Rhein. Dem Volkslied gemäß ist auch die vertraulich anrührende Neuprägung »Alt-Heidelberg«, ein Märchenwort als Auftakt. Bei soviel Formelhaftigkeit überrascht es, daß das Gedicht ganz ohne die wichtigsten Heidelberg-Motive auskommt. Scheffel ist sich seiner Sache so sicher, daß er auf die Hauptmerkmale – die Burg, die Brücke, das Verbindungswesen – verzichtet. Nur vom Strom ist die Rede, von Frühling und Jugendliebe, von einer romantischen Landschaft sehr allgemeiner Art und von »fröhlichen Gesellen«, die nicht unbedingt farbentragende Studenten sein müssen, sondern einfach Menschen, die sich jung fühlen.

Man kann das Lied gewiß auch kritisch lesen: als ein Gedicht an der Grenze zum Kitsch. Reiht Scheffel nicht beflissen ein Klischee an das nächste? Erweist er sich nicht als unfähig, Natur, Landschaft und die Gefühle der Menschen differenziert zu beleuchten? Sind die Adjektive nicht süßlich, die Bilder verbraucht, die Vergleiche platt, die Reime konventionell, ja abgeschmackt? Beginnt nicht mit Scheffel – vielleicht schon mit dem späten Eichendorff – die Trivialisierung des romantischen Heidelberg-Mythos zum Studentenlied?

Doch erweist sich Scheffel gerade in diesem Sehnsuchtstext als Könner, als Zauberkünstler, der das Leichte, Unpathetische beherrscht, das Heidelbergs reizvoller, aber unheroischer Topographie vermutlich angemessener ist als Hölderlins oder Georges hoher Ton. Ein fahrender Schüler, ein Wanderer könnte Scheffels Lied auf eine Weinkarte geschrieben und im Wirtshaus vergessen haben. Muß der naive Charme des jedem Vertrauten dem Hochmut des »wahren Geistes« immer und überall weichen? Das Gedicht schweigt vom technischen Fortschritt (etwa von der Rhein-Regulierung Tullas, an der Scheffels Vater als Ingenieur beteiligt war), es schweigt auch von der gestrandeten Revolution, es schreitet treuherzig über alles Schwere hinweg, und doch kommt mir der stets parate Urteilsspruch »Flucht aus der Realität« hier nicht sehr einfallsreich vor.

Literatur ist Träumerei von individuellen Glückszuständen. Es geht darum, die Kindheitsgefühle ins spätere Leben hinüberzuretten und gegen das Realitätsprinzip zu schützen, also nicht erwachsen zu werden. Joseph Victor Scheffel, ein Muttersohn wie Gottfried Keller einer war, wußte das. Sein Heidelberg-Poem kann jeder verstehen, es bedarf keiner Vorkenntnisse und keiner ›Auslegung‹. Wer es zum rechten Zeitpunkt liest, findet umweglos Zugang zur »gesellenhaften Jugendlichkeit«, und wie im Flug – ohne die einzelnen Wörter, Bilder, Begriffe genauer zu prüfen – mag er sich aufgerufen fühlen aus seiner Berufs- und Ehe-Verstrickung, wiederbelebt in seiner Verzagtheit, verjüngt ins Weite verlockt, zumindest getröstet. Das Gedicht bewirkt einen kleinen Befreiungsruck, wie ein Atemholen im Getriebe des Alltags. Es klingt wie eine Botschaft an die alternden Kommilitonen vieler Generationen, Heidelberg nie zu vergessen, also ihre Jugend zu bewahren und ihre Träume nicht zu verraten, die Erinnerung an jene kurze, intensive Daseinsphase, wo ungezwungener Wissenserwerb und erste Liebe in der schönsten Frühlingslandschaft zusammenfielen, bevor der ›Ernst des Lebens‹ unerbittlich zuschlug und sie – wie den privilegierten Dichter selbst – in Philister zu verwandeln drohte.

Weniger ›Alt-Heidelberg, du feine‹ als die oft erbärmlich blassen Gelegenheitsgedichte Scheffels auf Heidelberg, die im ›Gaudeamus‹ stehen, haben jene Trivialliteratur eingeleitet, die als Kommerslied, Studentenroman und Studentenstück um 1900 beliebt wurde. Dabei ist der anheimelnde Gedicht-Titel immer wieder zitiert worden, auch von Scheffel selbst in seinem klappernd gereimten Festgedicht zur 500-Jahr-Feier der Heidelberger Universität 1886 mit den Schlußversen: »Ein brausend Hoch sei Dir gebracht / Alt-Heidelberg, Du Feine!« Der aus Heidelberg stammende Rudolph Stratz hat 1902 ›Alt-Heidelberg, du feine‹, den ›Roman einer Studentin‹, vorgelegt; ein Jahr vorher war das Rührstück ›Alt-Heidelberg‹ von Wilhelm Meyer-Förster in Berlin uraufgeführt worden und begann nun seinen Siegeszug über die ganze Welt.

Viele Gedichte Scheffels, der selbst als vollkommen unmusikalisch charakterisiert wird, sind schon zu seinen Lebzeiten vertont worden. Glaubt man deshalb, aus seiner Heidelberg-Hymne von 1851/52 bereits den Schlager ›Ich hab' mein Herz in Heidelberg verloren‹ von 1925 herauszuhören? Dessen Melodie stammt von Fred Raymond, als Texter werden Fritz Löhner-Beda und Ernst Neubach genannt. Löhner-Beda, einer der erfolgreichsten Librettisten der Weimarer Zeit, zauberte vor allem für Franz Lehár heile

Welten. Als Jude wurde er später in das KZ Auschwitz-Monowitz, das Arbeitslager der IG Farben, deportiert. Am 4. Dezember 1942 besichtigten fünf Direktoren der Weltfirma die Produktionsstätte. Einer zeigte auf den kranken Löhner-Beda, der sich im Winter in Holzschuhen bewegte, und sagte zu den SS-Schergen: »Diese Judensau könnte auch rascher arbeiten.« Am selben Abend wurde Löhner-Beda totgeschlagen. Der für den Einsatz der jüdischen Arbeitssklaven verantwortliche IG-Farben-Direktor lebte – auch nach dem Krieg – in Heidelberg und summte wohl gelegentlich, wie alle hier, ›Alt-Heidelberg, du feine‹ und ›Ich hab mein Herz in Heidelberg verloren‹ vor sich hin, als sei nichts geschehen.

Heidelberg

1.

Geliebter! Hier willst du weilen,
Unter hohem, schattigem Dach
Aus Buchenlaub und Platanen
Und Epheu tausendfach.

Geliebter! Hier willst du weilen,
Wo alles frisch und neu,
Die Burschen mit ihren Liedern,
Der Frühling mit seinem Mai;

Wo dir zu Füssen gleitet
Der Neckar, sanft und mild,
In seinem Schosse tragend
Des schönsten Schlosses Bild.

Geliebter! Hier willst du weilen,
Wo in wonniger Sommernacht
Der Mond mit silbernen Strahlen
Umfängt deines Leibes Pracht.

Geliebter! Hier willst du weilen,
Mit Blüten und Liebe bedeckt,
Die herrlichen, edlen Glieder
In marmorner Ruhe gestreckt.

2

Mein Lieb ist aus Stein,
Mein Herz ist aus Stein,
Kalt wie sein Marmor bin ich;
Drum währt meine Lieb',
Wie sein Bild so rein,
Treu immer und ewiglich.

HANNELORE SCHLAFFER
›HEIDELBERG‹ VON KAISERIN ELISABETH VON
ÖSTERREICH

Kaiserin Elisabeth von Österreich ist eine Madame Bovary ohne Liebhaber. Sie träumte sich ein Leben mehr, als daß sie eines gelebt hätte. Von der Seite eines ungeliebten und gutmütigen Gatten floh sie und suchte in ganz Europa die Erfüllung ihrer Wünsche, deren Inhalt sie selbst nicht kannte. Intelligent und unbefriedigt, wie sie war, zeigte sie sich den lebensreformerischen Tendenzen der Zeit gegenüber aufgeschlossen und verfolgte ihre Regeln bis zur krankhaften Übertreibung. Der Gehorsam gegen die neuesten Ernährungsvorschriften machte sie zur Anorektikerin, die fanatische Anhängerschaft an den Turnvater Jahn zur schmerzgeplagten Arthrose-Patientin, der Atheismus zur Misanthropin, der bei ihrem Tod »nur sehr wenige Tränen nachgeweint« wurden. Die Schönheit, die jedermann bewunderte, hätte nicht als eine ungeliebte Masochistin geendet, hätten sie die ruhelosen Jagden quer durch Europa je in die Arme eines Liebhabers geführt. Wer ihrer Biographin, Brigitte Hamann, nicht glauben will, die ihre Unschuld und nonnenhafte Keuschheit beteuert, mag in Kaiserin Elisabeths ›Poetischem Tagebuch‹ blättern, um sich davon zu überzeugen, daß sie auf die große Liebe ein Leben lang hoffte und sie doch nie fand. Sie träumt sich in die Rolle der Feenkönigin Titania, die von Zeit zu Zeit ihren »Lilienthron« verläßt und zu den Menschen herabsteigt, um den Geliebten, kaum daß sie ihn gefunden hat, schon wieder zu schmähen und zu verschmähen.

> In üpp'gen Sommernächten,
> Bei schwülem Vollmondschein
> Dacht' oft: ›Jetzt hab' ich den Rechten!‹
> Und wollte mich schon freu'n.
>
> Doch immer beim Morgengrauen,
> An's Herz gedrückt noch warm,
> Musst' mit Entsetzen ich schauen
> Den Eselskopf im Arm!

Der Titel der Gedichtsammlung, ›Poetisches Tagebuch‹, ist wörtlich zu nehmen: Sie enthält gereimte Gesinnungen, die auf kaum verschlüsselten Erlebnissen beruhen. Die Personen sind meist hinter Tiermasken versteckt, die eine Andeutung auf den Charakter des Betreffenden enthalten; die Kaiserin selbst, die die Nordsee liebt, stellt sich als Möwe dar, ihr bayerischer Vetter Ludwig II., der in der Einsamkeit der Gebirge haust, ist der Adler. Es läge deshalb nahe, anzunehmen, daß auch das Gedicht ›Heidelberg‹ an eine bestimmte Person adressiert ist, an einen wirklichen Geliebten, und also ein Bekenntnis enthält, wenn es nicht so sicher wäre, daß es Amouren für die Kaiserin nicht gegeben hat.

Mit der viermaligen Anrufung »Geliebter! Hier willst du weilen« zeigt sich die Kaiserin, eine Leserin wie Madame Bovary, als Träumerin nach literarischem Muster, die die wiederholte Beschwörung aus Mignons Italienlied variiert:

Friedrich Rottmann: Begebenheit auf dem Heidelberger Universitätsplatz, 1804.

»Dahin! Dahin / Möcht ich mit dir, o mein Geliebter, ziehn.« Die Naturkulisse aus Buchenlaub, Platanen, Efeu in Kaiserin Elisabeths ›Heidelberg‹ ist nur die nördliche Entsprechung des »dunklen Laubs« von Myrte und Lorbeer in Mignons Lied. Mignons Herz zwar ist nicht »aus Stein«, doch auch sie bewegt sich wie das lyrische Ich in ›Heidelberg‹ zwischen steinernen Götterbildern: »Und Marmorbilder stehn und sehn mich an«. Die »marmorne Ruhe« der »edlen Glieder« im Gedicht der Kaiserin also scheint der literarischen Vorlage verpflichtet zu sein, so daß die Suche nach einem Marmorsarkophag, der etwa in Heidelberg zu finden wäre und die Verse zu einer Art Lobgedicht machte, müßig ist.

Heidelberg wird von der Kaiserin zur mediterranen Stadt umgedichtet: ausgezeichnet durch das frohe Treiben junger Leute und eine angenehme Atmosphäre, in der sich die Frische des Frühlings mit der »Wonne« von Sommernächten mischt. Und wie Mignons Gedicht in Goethes ›Wilhelm Meister‹, so ist auch das Heidelberg-Gedicht der Kaiserin Elisabeth von einer unstillbaren Sehnsucht nach dem Süden getragen. Was erwartete sie von Heidelberg?

Offensichtlich eine Belebung ihrer Liebeswünsche und Liebesphantasien. Heidelberg erscheint vor allem als Ort der Erneuerung: gewährleistet durch die Lebendigkeit der Burschen und den »sanft« fließenden Neckar, der das Bild des Schlosses, das nicht untergehen will, wie ein lebendes zurückwirft. Und lebendig erscheint zunächst auch der Geliebte in seines »Leibes Pracht« – bis im letzten Vers der fünften Strophe von seiner »marmornen Ruhe« die Rede ist.

Spätestens hier wird deutlich, daß es sich bei dem Heidelberger Geliebten der Kaiserin schwerlich um einen lebenden Menschen handelt, und man beginnt sich zu fragen, ob das Gedicht überhaupt eine persönliche Grundierung hat,

oder ob es nicht vielmehr ein Neuarrangement gut einge-
bürgerter poetischer Versatzstücke ist – nicht zuletzt nach
Art des Petrarkismus, der es liebte, sich die Körper angebe-
teter Frauen in erlesenen, aber kalten Materialien wie Alaba-
ster und Marmor vorzustellen. Eine Art ›weiblichen Petrarkismus‹ also?

Nun weiß man aus dem Kontext, wer der Geliebte dieses
Gedichts ist. Gemeint ist der einzige Geliebte, den die Kaiserin überhaupt hat – und dieser ist die Marmorstatue des
sterbenden Achill von Ernst Herter, die sie am Meeres-
strand des Schlosses Miramar bei Triest hatte aufstellen lassen. Da sie, die sich als Feenkönigin Titania imaginiert, in
der schlechten Wirklichkeit einen Liebhaber nicht finden
kann, geht sie eine unio mystica mit einem Archetypus ein.
Die Verlobung zwischen Märchen und Mythos feiert das
Gedicht ›Seelenbrautfahrt‹:

> Doch er ist zurückgekommen,
> Fest an seine Brust genommen,
> Weint und jauchzt die Seele heut';
> Ob Jahrtausende geschwunden,
> Ob entflohen nur Sekunden,
> Trennung gibt's nicht mehr, noch Zeit!
>
> Endlich, endlich ihn gefunden,
> Hält ihn tausendfach umwunden
> Meine Seele, lodernd heiss;
> Sterne könnte sie versengen,
> Feuer in die Meere mengen,
> Göttersohn, mein Achilleus!

Der antike Held verkörpert hier die Freiheit der Bewegung,
die Schönheit des Leibes, die Tragik eines großen Todes. Die
Kaiserin, eine wilde Reiterin und Fechterin, sieht in Achill

ihr Alter ego. Auch in Heidelberg, wo sie sich 1885 auf dem Rückweg von einer Kur zur Heilung ihrer Gicht aufhielt, hatte sie wieder ihre Fechtübungen aufgenommen. Unter die »Burschen« in der zweiten Strophe des Gedichts ist durchaus auch sie selbst aufzunehmen. In einer gereimten Erinnerung ›Aus meiner Burschenzeit‹ trauert sie ihren »Freunden«, den »Fleurets und Säbel und Rapier«, nach:

> Was lehnt ihr traurig in dem Schrank,
> Ihr Freunde meiner Burschenzeit.

Der »Geliebte«, Achill, ist eine androgyne Halluzination der Kaiserin. »Er ist zurückgekommen«, behauptet das Gedicht ›Seelenbrautfahrt‹, und so ist der Seelenbräutigam auch mit der Kaiserin in Heidelberg eingekehrt. Das beschwörende »Hier willst du weilen« verkündet seine Ankunft und seine Zufriedenheit mit dem Aufenthalt. Aber belebt erscheint der Geliebte nur für die ersten vier Strophen, bevor er – in der fünften Strophe – wieder dem weiblichen Petrarkismus anheimfällt und seine »herrlichen, edlen Glieder / In marmorner Ruhe« ausstreckt – um dem steinernen Herzen und der marmornen Kälte der Verehrerin zu entsprechen. In Kaiserin Elisabeths ›Heidelberg‹ und Herz begegnen sich Antike und Romantik. Kaiserin Elisabeth hat Griechenland mit der Seele gesucht und es in Heidelberg gefunden.

ALEXANDER VON BERNUS

Stift Neuburg

Maler, Dichter und ihre Gesellen
Halten hier immer wieder Haus,
Sehen die Schiffe drunten fahren,
Lehnen mit den wehenden Haaren,
Wie früher andere an den hellen
Sommertagen aus ihren Zellen
Über das offene Tal hinaus.
Aber an Abenden, den klaren,
Trauernden, die nur sie verstehen,
Treten sie in den Park und gehen
Hin auf Träumen von hundert Jahren,
Und sie bilden, was sie sehen.

<>

HORST MELLER

ABSCHIED VOM »TOTGESAGTEN PARK«:
ALEXANDER VON BERNUS, ›STIFT NEUBURG‹

Das Wörtchen »hier« in der zweiten Zeile des Gedichts lokalisiert mit konkreten topographischen Vermerken eine alternative Wohngemeinschaft. Kunstschaffende – man möchte annehmen, sie kommen von weit her – haben ein Sommerquartier bezogen auf einer Hügelkuppe mit unverbautem (zu hoffen steht: unverbaubarem) malerischen Ausblick auf ein offenes Flußtal. »Drunten« sieht man unablässig Schiffe vorübergleiten. Für die von oben herabblickenden Betrachter dieser Weltlandschaft gibt es sogar an sonnigen Hochsommertagen erfrischende Winde, die sie sich gefallen lassen, wenn sie sich ein wenig aus der steinernen Fensterbrüstung ihrer Zellen herauslehnen, in denen sie wohnen. Und allabendlich bietet die Kühle eines Parks, der ihren Zellentrakt umrahmt, Gelegenheit zu Gesprächen und Spaziergängen.

Keineswegs in Zellen eines Strafgefängnisses residieren die Leute, die sich hier »immer wieder« aufhalten. Vielmehr handelt es sich um ein von langhaarigen Individualisten freiwillig auf Zeit bezogenes Klostergebäude. Die Gedichtüberschrift identifiziert dieses: Stift Neuburg.

Lebensumstände und Arbeitsgepflogenheiten der Zelleninsassen werden in einer etwas verrätselten Anschaulichkeit vor Augen gestellt. Man befindet sich an einem landschaftlich außerordentlich bevorzugten Ort. Und man lebt zivilisationsfern, in fast frugal wirkender Abgeschiedenheit. Dem Treiben und Lärmen in Tälern und Ebenen enthoben, bilden diese Höhensiedler eine Art von Adelsverein. Sie »halten Haus«.

Nicht daß sie in ärmlichen Verhältnissen lebten. Es geht ihnen nicht schlecht. Man möchte sie eher als privilegiert bezeichnen. Aber sie halten eben selber Haus in dem Sinne, daß sie die anfallenden Arbeiten selber verrichten. Ein jeder wird zupacken, wenn es denn sein muß, die Gesellen wohl bereitwilliger als die Meister des Wortes und des Bildes. Jedenfalls leben sie allesamt »wie früher andere« in diesen Zellen. Ihr Tagesablauf scheint verbindlichen Regeln zu unterliegen, so als folgten sie den Riten einer althergebrachten Disziplin.

Allerdings ist ihre Ordensregel nicht von der Art von Sankt Gallen oder Maria Laach. Eher dürfte die Hausordnung der hier Versammelten diejenige der Abtei von Thélème sein, die François Rabelais heiter referiert: »Fay ce que vouldras« / »Mach, was du willst«.

In der Tat wird man die im Luftzug der Fallwinde flatternden Künstlermähnen schwerlich der Konfession tonsurierter Büßer zuordnen wollen, wiewohl diese Kommune über dem Fluß mit der Frömmigkeitsaura der monastischen Beschaulichkeit ins Bild gesetzt ist. Sollten diese Sommergäste überhaupt ein religiöses Credo in Worte fassen wollen, sicher würden sie ausdrücklich »gegenüber dem geglaubten Gott auf dem geschauten Göttlichen bestehen« wollen, wie dies Goethe einmal dem Freund Jacobi als Charakteristikum seiner persönlichen Religion vermerkt hat.

Den Schiffsreisenden im Talgrund entbieten die wild wehenden Schöpfe dieser Aussteigerkolonie weder die Lokkungen noch die Bedrohlichkeiten der rheinischen Loreley. Die Betrachter der idyllischen Neckarszenerie mischen sich nicht in die Geschicke der Vielen ein. Sie sind selbstbezogen, manchmal vielleicht auch selbstvergessen, in der Regel bleiben sie jedenfalls relativ isoliert den Tag über, bis zum Abend. Nur demjenigen Ordensgelübde, das allein sie verstehen, scheinen sie sich verpflichtet zu fühlen: der Verantwortlichkeit gegenüber den »Träumen von hundert Jahren«. Auf diesen haben sie grazil zu schreiten gelernt wie auf einem orientalischen Wunderteppich.

Ihr Tagewerk vollzieht sich in exquisiter Abgehobenheit vom Getriebe der Talbewohner. In der Kontemplativität der Zellen scheinen sich die Meister durch die tägliche Einhaltung ihrer Exerzitien vor allem auf jene abendlichen Begegnungen im alten Park vorzubereiten. Ebensowenig jedoch wie die disziplinierenden Rüstzeiten der Tagesstunden sind die Zusammenkünfte des Abends bloße Routineübungen. Sie werden als herausgehobene Glückserfahrung erlebt, als Augenblicke einer zwar schwermütigen, aber von großer Klarheit umleuchteten Feierstimmung, als Momente eines nur den Wissenden zustehenden Einblicks in die von Trauer durchatmete Tiefe im Antlitz der Kunst.

Gerade aber das Hin und Her zwischen Zelle und Park,

Stift Neuburg. Blick vom jenseitigen Neckarufer.
Lithographie von Ernst Fries.

vom dramatisch am Anfang der achten Zeile plazierten »Aber« als Gegensätzlichkeit akzentuiert, bildet die Verortung eines solchen Wohnens in weltfrommer Askese ab: zwischen Systole und Diastole, Einatmen und Ausatmen in wohlgeregeltem Wechsel, zwischen der produktiven Sammlung der vita contemplativa und der Geselligkeit der vita activa. Dem entspricht die dialektische Spannung zwischen der degagierten Fernsicht einerseits auf die farbig besonnte Weltfülle mit den Lebensschiffchen vorbeiziehender Menschen aus Stadt und Tal und der rituellen Kommunion andererseits im gleichgestimmten Erleben des locus amoenus in der von Traum und Trauer gezeichneten Kunstlandschaft des »totgesagten Parks« (Stefan George). Am Ende dann das Hochgefühl des Lynkeus, des Türmers auf der Schloßwarte des Heinrich Faust: »Zum Sehen geboren / Zum Schauen bestellt, / Dem Turme geschworen« – und dazu noch zum Bilden berufen.

Aber wie sich unter den Augen des Lynkeus bereits das Verbrechen an Philemon und Baucis vollzieht, so könnte diese Turmgesellschaft fast schon auf das Grollen des herannahenden großen Krieges lauschen. Sendungsbewußtsein definiert jedoch noch immer das »hier« auf der Hügelkuppe, eine knappe halbe Wegstunde flußaufwärts von der Alten Heidelberger Brücke, die Hölderlin einst besang, als sie neu war.

Das Gedicht, das 1918 in der Ausgabe ›Die gesammelten Gedichte 1900-1915‹ veröffentlicht wurde, spricht in einer einfach und kunstlos anmutenden Sprache. Vier Reime (auf die Schlüsselwörter »Gesellen«, »Haus«, »fahren«, »verstehen«) scheinen in einiger Willkür über die zwölf Zeilen verstreut worden zu sein. Dabei übergreifen sie den deutlich markierten Einschnitt vor den fünf Zeilen des Abgesangs. Schaut man allerdings genauer hin, so sieht man das Reimen einem subtilen Verkettungsmuster abccaab/cddcd unterworfen, welches wie von ferne an die Regelstrenge des Sonetts erinnert.

Die rhetorischen Kunstmittel der Lyrik wurden in sparsamer Zurückhaltung eingesetzt. Ihre Feinverwobenheit aber läßt an das gewirkte Muster eines Teppichs denken, an eine Art kleinformatigen Gebetsteppich, wie er sich zum Gebrauch in engen Zellen eignen würde. Sein Muster soll den ›Benutzer‹ behutsam ins Meditieren geleiten. Es ist, als ob die von Tageshelle zu Abendklarheit führende Reihung von Tätigkeitswörtern (halten – sehen – lehnen – verstehen – treten – gehen – bilden – sehen) in ihrem Zusammenspiel mit den beim Signal des »Aber« melodisch ins Sonore modulierenden Selbstlauten und mit den Wegweisungen der alliterierenden Mitlaute (vom Halten des Hauses bis zur Trauer der Träume) das Miteinander von Kette und Einschlag im ›Gewebe‹ der Poesie ablesbar abbilden soll: die immaterielle und doch haltbare ›Textur‹ des begehbaren Wunderteppichs der alten Träume, von denen das Gedicht spricht.

Das ›Muster im Teppich‹ suggeriert eine der Zeitgeschichte und der Wirklichkeitserfahrung enthobene geheime Brüderschaft lehrender Meister und hingebungsvoll lernender Adepten. Skizziert wird die Utopie einer pädagogischen Provinz des freien Geistes im Zeichen kastalischer Träumens.

Der Text meint zudem auch den in der Gedichtüberschrift genannten Ort: die seit der Säkularisation in weltlicher Hand gebliebene Klosteranlage, in der heute wiederum Mönche beten und arbeiten. Graf Bernus hat den ererbten Landsitz 1926 unter dem Zwang wirtschaftlicher Verhältnisse nach der Inflation an die Abtei Beuron verkauft. Über ein Jahrhundert war das Anwesen im Familienbesitz gewesen. Den Benediktinern, die es 1130 erbaut hatten, wurde es mit rührenden Versen des Hausherrn feierlich wiedergegeben: »Mein Stift, ererbt, erworben, / Verwaltet wie ein Amt: / Heut' gebe ichs dem Orden / Zurück, von dem es stammt«.

Aber auch ein sehr konkretes ›Chronotop‹ unserer Zeit wird in diesem Gedicht gefeiert, ein einmaliger poetischer Moment, der sich aus einer achteinhalb Jahrhunderte überwölbenden Geschichte des Bauwerks heraushebt, in welcher sich so viele und vielerlei Augenblicke gelebter und lebendig gebliebener deutscher Romantik und Nachromantik aufgehoben finden wie in dieser Drängung und Kontinuität und auf so engumgrenztem Areal fast nirgendwo sonst. Gemeint ist der Zeitraum einiger weniger Jahre, in denen Bernus, nachdem er das Familienerbe angetreten hatte, sein Stift zu einem seither zur Legende gewordenen Begegnungszentrum des literarischen Lebens zu machen verstand.

Ziel literarischer Pilgerwege war Stift Neuburg bereits im 19. Jahrhundert gewesen, auf der literarischen Landkarte zwischen Sesenheim und Weimar. Der Frankfurter Kaiserliche Rat Johann Friedrich Heinrich Schlosser, ein Schwiegerneffe und Freund Goethes, hatte das Anwesen 1825 erworben. Ludwig Tieck, Clemens Brentano, Achim von Arnim, die beiden Schlegel, Johann Joseph von Görres, die Maler Friedrich Overbeck, Schnorr von Carolsfeld, Edward von Steinle und Ernst Fries sowie eine Schar von hochgestellten ›Ultramontanen‹ gingen bei den Schlossers ein und aus, später auch die beiden Enkel Goethes und Frau Rat Willemer, Goethes Suleika, wann immer sie Heidelberg besuchten. Im ›gotischen Saal‹ im Obergeschoß des profanierten Kirchenschiffs wurde das erste Goethe-Museum eingerichtet. Nachdem Schlosser kinderlos gestorben war, kam das Stift durch Erbschaft an die Nichte seiner Frau, Maria Du Fay, die mit dem Frankfurter Senator Franz von Bernus verheiratet war.

Seit 1908, als Alexander von Bernus den Besitz erbte, lud er zu Dichterlesungen, Gesprächsrunden, gastlichen Begegnungen, zu langausgedehnten Sommerfreizeiten der Freunde. Er veranstaltete Schattenspiele nach eigenen und fremden Texten. Dieser pfälzische Monte Verità erlebte extravagante Künstlerfeste und exzentrische Kostüm-Charaden, aber auch alchimistische Experimente im Versuchslaboratorium, das der Hausherr sich im Kapellengewölbe eingerichtet hatte, spiritistische Séancen, sogar Rituale des Tischrückens und Horoskopstellens. Und beinahe wäre Rudolf Steiners Goetheanum statt im eidgenössischen Dornach auf dem Gelände des Stifts errichtet worden, welches Bernus dem Anthroposophen angeboten hatte.

In seiner autobiographischen Skizze ›Dichter und ihre Gesellen: Der Heidelberger Freundeskreis auf Stift Neuburg‹ (1951) bezieht Bernus sein Gedicht auf die Vielen, die nach 1909 hier Haus hielten: Die Lyriker Karl Wolfskehl, Richard Dehmel, Kurt Heynicke, Albert Mombert, auch Stefan George (den Bernus allerdings nicht als Meister akzeptierte: er verübelte ihm »leidiges Aufsichhinweisen« als »heillosen Größenwahn des luziferisch Irregeführten«); die Romanciers Friedrich Schnack und Thomas und Klaus Mann; die Gelehrten Georg Simmel, Karl Jaspers, Friedrich Gundolf, Heinrich Zimmer und Richard Benz; die Maler und Zeichner Wilhelm Trübner, Rolf von Hoerschelmann (der die meisten Silhouetten für Bernus' ›Schwabinger Schattenspiele‹ schnitt), Melchior Lechter, Karl Thylmann und Alfred Kubin (mit dem Bernus seit 1903 in lebenslanger Freundschaft verbunden war).

Eichendorffs ›Dichter und ihre Gesellen‹ hatte Bernus 1907 im Münchener Beck-Verlag ediert. Im Herausgebervorwort schrieb er über diesen romantischen Künstlerroman, den er noch aus der Bibliothek Fritz Schlossers besaß: »Es ist eine der letzten Novellen Eichendorffs, und es ist die reichste und schönste, denn alles was ihm wert und hell erschien, hat er noch einmal darin ausgestreut.« Zwanzig Jahre später schreibt Bernus an den Prior Lucas Bischoff, seinen Nachfolger als Hausherr im Stift, nachdem man bei Ausgrabungen in der Kirche auf Gerippe gestoßen war: »Wo man tiefer gräbt, stößt man im Stift auf Menschengebeine, [...] die ganze Atmosphäre des Stifts ist für den Sensiblen geradezu gesättigt mit Totenluft. Heute kann ich es Ihnen sagen, daß dies mit ein Grund war, weshalb ich mich davon getrennt habe, [...] die strahlendste Frühlingssonne kann es nicht wegglänzen. [...] Der Einzelne vermag es nicht.«

Es könnte sein, daß sich im geheimen Subtext dieser Äußerung die Quelle jener tiefen Melancholie ausmachen läßt, die bereits die Abendfeste der frühen Jahre durchzog. Am 19. August 1912 hatte sich Bernus' geliebter Sohn Alwar achtjährig bei seinem Lieblingsspiel ›Gefangener und Gefesseltwerden‹ in einem abgelegenen Raum des Stifts erhängt. Am 21. November 1912 – Alwar wäre an diesem Tag neun geworden – läßt Alexander von Bernus in Darmstadt einen Band unter dem Titel ›Totenurne‹ als Privatdruck erscheinen.

Das Stift, das ihm Schauplatz einer traumhaft idealisierten Lebensfülle hatte sein sollen, taugt nun, so scheint es, nicht zum Schauplatz der Bewältigung einer solchen Trauerarbeit. Fortan wohnt Bernus meist anderswo: im Allgäu, auf Schloß Eschenau bei Heilbronn, in Stuttgart, auf Schloß Donaumünster bei Donauwörth.

Im Klima zwischen Vorkrieg und Weimarer Republik muß ihm die Versammlung der Stiftsgäste immer deutlicher als obsolet, ihr Pathos als zu selbstbespiegelnd elitär erscheinen. Der arkadische Traum vom erfüllten Leben kann letztlich dem Anhauch von so viel Totenluft nicht standhalten. Die Turmgesellschaft der Meister und ihrer Gesellen zerstreut sich, Zellen und Park läßt man hinter sich. Bernus selbst flüchtet sich ins Therapeutikum von Esoterik und Alchimie. Seinen Trost sucht er in der Anthroposophie.

GERTRUD VON LE FORT

Bestandenes Schicksal

An das Heidelberger Schloß

Du aber droben am Berg,
Du schönes Wunder einer zertrümmerten Pracht,
Wie hast du dein Schicksal bestanden!
Wie groß trugst du es aus, wie zauberisch ging es ein
In deines neuen Daseins liebliche Ordnung.

Alles, auch das Verhängnis ward dir gesegnet:
Zerstörung nahmst du an als Meisterin edler Gestaltung,
Ein jeder Stein, der sich löste,
Er löste sich wie nach verborg'nem, aber edlem Gesetze,
Und auch der Wald bekannte dieses Gesetz,
Wenn er sich in die klaffenden Mauern schmiegte,
Und Mond und Sterne, deines gläsernen Saales
Erlauchte Nachtbewohner, bekennen es
Mit ihren Silberspuren im offenen Getrümmer,
Und, o wie glühend bekennt es auf deinem zerrissenen
                                               Antlitz
Die Abendröte!

Denn wohl, noch immer verwaltest du tief im Erinnern
Das Unvergeßliche,
Immer noch schimmert
Um deine verwundete Stirn der Glanz des Verlor'nen,
Aber nichts heimweht zurück,
Und nichts empört sich wider die finstre Erfahrung –
Schwermutlos, ganz ins Verbliebene eingezaubert,
Ganz holde Gegenwart und heit'res Vertrauen
In's Schöpferische noch der zerbrochenen Kraft:

So wurdest du Weisung und Zeichen
Und sanfte Tröstung einem zu tröstenden Volk.

<>

Eines der merkwürdigsten Zeugnisse ›Heidelberger Romantik‹, aus der Adenauerzeit, ist das Gedicht ›Bestandenes Schicksal‹ der fünfundsiebzigjährigen Gertrud von le Fort. Bestandenes Schicksal? Die Rede ist von einer Ruine. »Du aber droben am Berg, / Du schönes Wunder einer zertrümmerten Pracht« – das Heidelberger Schloß seit dem Besuch französischer Truppen im Jahr 1689, die auch die Stadt drunten einäscherten. Die Stadt ist anmutig wiedererstanden, und das Wunder ist: der Ruine wegen verschonten 250 Jahre später die Amerikaner Heidelberg mit ihren Bombardements, das romantische Hauptquartier. »Wie hast du dein Schicksal bestanden! Wie groß trugst du es aus« – das Schicksal, einmal angesprochen, verleitet gleich zur Phrase, »wie zauberisch ging es ein / In deines neuen Daseins liebliche Ordnung«. Das ist nun wahr. Wer je aus den Fenstern des Germanistischen Seminars, im Palais Boisserée, hinaufgeschaut hat, muß zugeben, daß das Bild seine Richtigkeit hat. Der Zauber verdankt sich dem Kontrast: zur milden Natur, in die der Steinhauf als singuläres Schrecknis ragt, ausgeschnitten aus der Geschichte und eingeklebt in die Idylle. Das Grauen ist eingegrenzt auf Postkartengröße, der Zerfall von Wald und Wegen umrahmt. Das haben die deutschen Dichter besungen. – Nach dem Zweiten Weltkrieg, die Zerstörung ist allgemein, der Schrecken, die Erfahrung, wirkt die »schöne alte Schloßruine« auf den Schweden Stig Dagerman, der durch die zerbombten Städte des Ruhrge-

*Wilhelm Trübner: Heidelberger Schloß mit Blick nach Westen
in die Ebene, 1889.*

biets und des Rheinlands reist, »wie eine teuflische Parodie«. Jedoch Frau von le Fort fährt fort: »Alles, auch das Verhängnis ward dir gesegnet«, ein unglaublicher Satz, den sie erörtert: »Zerstörung nahmst du an als Meisterin« – die Zerstörung als Meisterin? oder das Schloß als Meisterin »edler Gestaltung«, ja, jeder Stein, wir staunen, »löste sich wie nach verborgnem, aber edlem Gesetze«. Das Schicksal, vorne berufen, dringt als Verhängnis in den Text, er wird edel, ein Geklinge, denn nun breitet sich Zeile für Zeile über das Gemäuer ein fauler Zauber. »Silberspuren«. Bis zwei Verse das bündige Bild finden; die genügen, das Stirnrunzeln verfliegt, der ganze Segen ist verzichtbar, und ein Druck von 1985 erlaubt sich die rigorose Kürzung: »Immer noch schimmert / Um deine verwundete Stirn der Glanz des Verlornen«. So sah ich Dresdens ausgebrannte Häuser, Fassaden voller Würde, »rosig die Ruinen hell *noch immer schön*«. Man hat sie nicht stehengelassen. Das Verlorene ist »das Unvergeßliche« (nicht zufällig steht das Wort für sich auf einer Zeile); aber »nichts heimweht zurück«, leicht, und unverbittert, beglaubigt die Wortneubildung den Ernst der Behauptung. Folgt wieder ein ungeheurer Satz: »Und nichts empört sich wider die finstre Erfahrung«. Aber das Schloß steht doch, 1950, im deutschen Desaster. Die Dichterin hebt es zwar ein wenig hinaus, »du aber droben«, der Gestus des Ansprechens bindet es aber an das Drunten der Niedergeschlagenheit, der es vorgehalten wird. »Schwermutlos, ganz ins Verbliebene eingezaubert, / Ganz holde Gegenwart« ist das Getrümmer; sollte man so die Ziegelsteppen Deutschlands sehn? Unbedingt; der hochgemute Ton gebietet es. Le Fort sieht mit den Augen Veronikas aus ihrem Roman ›Der Kranz der Engel‹: »alles schien fast unversehrt, so als habe sich diese rauschende Pracht nur – einer überbordenden Woge gleich – in den Duft des Waldes ergossen, oder als hätten die Wolken und Winde hier die Dächer ein klein wenig aufgehoben... hier hob der Zauber der Verwandlung an. ›Aber das deutsche Schloß lebt ja noch‹, rief ich hingerissen. ›Es ist gar nicht zerstört, es ist aus einem Fürstenschloß ein Schloß aus einem Eichendorffschen Gedicht geworden‹...«. Was Wunder, wenn es nun romantisch klingt (die farbigen Vokale erzeugen die Grundstimmung: hEItres VertrAUen), »heitres Vertrauen / Ins Schöpferische noch der zerbrochenen Kraft: / So wurdest du Weisung und Zeichen« dem drunten, das sein Schicksal bestehen soll: »einem zu tröstenden Volk«. Die Ansprache an die Schloßruine ist Zuspruch für die Menschentrümmer; es ist ein Überlebenstext, es gilt ein Zusammenrücken, Zusammenstücken. Welche Ermutigung, welche Verdrängung; das sind die Zaubermittel, die uns anrühren und doch eine himmlische Parodie schreiben auf die Geschichtsbewältigung der Bundesrepublik, den *Segen* des *neuen Daseins* im Wirtschaftswunder, die Romantik von HEIDELBERGER ZEMENT und BASF. – Woran erinnert mich, noch einmal, dies? Was wird mir als eigene brave Sehnsucht zurückgerufen? Unsere sozialistische Romantik, das Aufbaulied. Verf. schrieb (1962) über die ›Maler in Dresden‹, die ihre Bilder »an die Ruinen schlugen«: »... Frühling / Unter zerschmetterten Häusern, über dem Chaos der Türme // Hellblau und gelb und warm vom Ocker! Fast / Ein Schimmer von Hoffnung. Beinahe / Leben wieder sahn sie die Stadt auf den Bildern. Wenigstens / Nicht aufzugeben. Möglicherweise bewohnbar zu machen. / Elend die Steine, doch lohnend sie fortzuschaffen.« Es gab, wie man sieht, ein zweistimmiges Schloßkonzert in den deutschen Nachkriegsstaaten, während die Städte dem Wiederaufbau anheimfielen. Dieselbe *Weisung* nicht in die Schuld, in die Scham: ans Schaffen. – Aber Schuld und Scham waren die Themen der Gertrud von le Fort? Ja, auf einem andern Blatt. – »Vielleicht soll alles, was dich grämt, auch nur verwandelt werden?« fragte Veronika; gewiß, wenn auch nicht wirklich, nicht mit jener letzten Kraft, die aus Rilkes ›Archaischem Torso Apollos‹ spricht: »Du mußt dein Leben ändern.«

ANDREAS RASP

Heidelberg

Es kommt vor
da bleibe ich stehn
auf der alten brücke
und schaue
wie ein durchreisender
in die pastellne einfalt
des neckartals
vergessend
dass ich hier wohne
seit jahren und länger
als man bestaunen kann
ein und dasselbe
dass mich der drogist
ecke kaiser und rohrbacher
als kunden betrachtet
und im konsumladen
die verkäuferin weiss
welchen honig ich vorziehe
vergessend
und ich würde gern
wenn sich das schickte
einen passanten fragen
wie denn die leute hier leben
wo sich versammeln
die kinder und ratlosen
aus welchem der türme
wer die gefahr läutet
und was gemeinhin
fliesst wie dieser fluss

So sehr sie das ländlichschöne und bezaubernde Heidelberg auch liebten und rühmten –: gelebt haben die Autoren jener schwärmerischen Gedichte, die das Bild der Stadt verklärten, in Heidelberg allesamt nur für eine mehr oder minder kurze Zeit. Am längsten, insgesamt ein paar Jahre, weilte Joseph Victor von Scheffel in Heidelberg, doch wurden seine Aufenthalte durch lange Reisen und auswärtige Niederlassungen unterbrochen und behielten durchaus Besuchscharakter. Andere, wie Joseph von Eichendorff und Gottfried Keller, studierten für zwei oder drei Semester an der Heidelberger Universität. Goethe war als junger Sturmund-Drang-Autor wie als Weimarische Exzellenz mehrfach in Heidelberg, insgesamt aber nicht länger als ein paar Wochen. Friedrich Hölderlin brachte in der Stadt, die er so gerne »Mutter« genannt haben wollte, bei zwei oder drei Besuchen allenfalls ein paar Tage zu, Jacob Burckhardt noch weniger.

Dem entspricht, daß Heidelberg in den Gedichten dieser Autoren als Ort eines besonders intensiv empfundenen Daseins oder eines außergewöhnlichen Lebensmoments erscheint. In Hölderlins Hymne wird die Brücke, die so »leicht und kräftig« über den »Strom« sich schwingt, gleichsam zu einem Schwellenort, an dem »traurigfroh« der Schritt in einen neuen Lebensabschnitt bedacht und gewagt werden muß. In Burckhardts Abschiedsgedicht ist das Schloß ein ebensolcher Schwellenort. Eichendorffs Einzugsgedicht gibt der Stadt den geradezu utopischen Charakter einer Traum-Heimat. Die Gedichte von Marianne von Willemer und Gottfried Keller beschwören Heidelberg als Ort einer einzigartig beglückenden, aber kurzfristig gebliebenen Liebeserfahrung. Heidelberg mit dem von Goethe als ideal gepriesenen Zusammenspiel von Landschaft und Baulichkeiten, von Hügeln und Fluß und Brücke und Türmen, überragt von den »großen und ernsten Halbruinen« des Schlosses –: dieses Heidelberg gab für derartige Erfahrungen den Anlaß und den Rahmen – und wurde dafür mit Gedichten bedacht, die das Beglückende oder Traurigfrohe dieser empfindungsgesättigten Momente poetisch festhielten und solchermaßen dem Nimbus der Stadt zukommen ließen.

Wie aber lebt es sich heute und wirklich, das heißt: tagtäglich und für längere Zeit, in dieser Stadt, die man unabhängig von jenen verklärenden Gedichten fast nicht mehr wahrnehmen kann?

Das Gedicht, das diese Sammlung und Hommage an Heidelberg beschließt, stammt von einem 1921 in Berlin geborenen Autor, der – nach der Rückkehr aus dem englischen Exil – schon einige Jahre in Heidelberg gelebt hatte, bevor er es 1961 schrieb –: lange genug offensichtlich, um beim Drogisten als Kunde registriert und im Konsumladen gar mit seinen kleinen Vorlieben bekannt zu sein. Das ist angenehmes, aber durchaus gewöhnliches Alltagsleben, fern von allem Brücken-Zauber und jedem Ruinen-Ernst. An der Ecke von Kaiserstraße und Rohrbacher Straße ist jenes Ensemble von Brücke und Schloß, das William Turners berühmtes Heidelberg-Gemälde in seiner manchmal fast überweltlich scheinenden Erhabenheit vor Augen führt, ist jene staunenerregende Komposition aus Natur- und Kunstschönheit, die für Empfindung und Reflexion so unvergleichlich stimulierend wirkt, dem Blick entzogen. An der »ecke kaiser und rohrbacher«, wie das Gedicht umgangssprachlich salopp und alltäglich knapp sagt, und gewiß nicht nur da, verliert man das romantische Heidelberg aus den Augen, erfährt man Heidelberg als gewöhnliche Stadt, in der das Leben nicht weniger angenehm, aber auch nicht weniger prosaisch ist als andernorts –: keine Stadtkulisse, die dauerndes Staunen verlangt; keine Permanenz gedankenreicher Schwellenmomente und aufwühlender Liebeserfahrungen; bestenfalls (und immerhin) gute Bekanntheit und aufmerksame Bedienung in diversen Geschäften. Das ist nicht wenig, man weiß es zu schätzen, entwickelt vielleicht sogar das Gefühl, heimisch zu sein. Aber kein erhabener Hymnenton ist für die Beschreibung vonnöten, und kein schmückendes Beiwort drängt sich auf. Die mittlere Versgruppe von Rasps Gedicht, welche die schloß- und brückenfernen Quartiere in den Blick rückt, steht für das prosaische Alltagsleben, das in den poetisch gesteigerten Einzugs-, Abschieds- und Erinnerungsgedichten der anderen Autoren nicht zur Sprache kommt.

Indessen wird diese zweite Versgruppe durch das Wort »vergessend« eingeleitet, und voraus gehen ihr einige Verse, die dieses Wort und das mit ihm gemeinte Entrücktwerden aus dem Alltag durch eine spezifische Heidelberg-Erfahrung begründen. Es kommt, wie das Gedicht mit der Emphase eines über sich selbst Verwunderten zu sagen beginnt, in der Tat vor, daß man, so lange man auch schon in Heidelberg wohnt, auf dem Neuenheimer Neckarufer oder auf der Alten Brücke durch den Blick auf Stadt und Schloß unversehens zum Einhalten gebracht wird und daß man es, gleich einem »durchreisenden«, kaum mehr zu fassen vermag, daß es diese bezaubernde Stadt gibt und man in ihr sein alltägliches Leben führt. Plötzlich wird man ergriffen von dem, was Goethe als das »Ideale« dieser Stadtlandschaft bezeichnet und beschrieben hat; plötzlich erscheint die Stadt so traum- oder märchenhaft wie in Eichendorffs Einzugsgedicht; plötzlich hat man jenes »Heidelberg-Gefühl«, das nach Michael Buselmeier (in Anlehnung an Karl Jaspers) darin besteht, daß man trotz einigen Mißfallens an der

Realität meint, »ein paar Zentimeter über dem Boden zu schweben«.

Daß man gelegentlich zu solch staunendem Einhalten gezwungen und seinem Alltag für einen Moment entrückt wird, ist zunächst einmal auf das zurückzuführen, was unmittelbar zu sehen ist: die Brücke, die mit ihren weiten Bögen und mit ihrem langgestreckten Buckel die Form der umgebenden Hügel wiederholt; die Schloßlandschaft, die aus der Stadt herauszuwachsen scheint; das Neckartal, das, von Autobahnbrücken und Industrieanlagen verschont, einen guten Teil seiner vormodernen »einfalt« und seiner »pastellnen« Schönheit bewahren konnte. Tagtäglich kann man in Heidelberg sehen, wie »durchreisende« aus aller Welt »in dieses Märchens Bann verzaubert stehen«, auch wenn sie Eichendorffs Einzugsgedicht, dem dieser Vers entstammt, nie gehört haben. Gleichwohl ist anzunehmen, daß die Heidelberg-Wahrnehmung fast aller, die diese Stadt aufsuchen oder bewußt in ihr leben, durch die vielfach vermittelte Wirkung der großen alten Heidelberg-Gedichte mit bestimmt ist. Und in diesem Sinn ist es wohl auch nicht nur Zufall und nicht bloß ein sozusagen naturgemäßes Faktum, daß der Ort des staunenden Innehaltens auch in diesem Gedicht eben jener Schwellenort der Alten Brücke ist, an den auch Hölderlin sich einst wie durch einen wahrnehmungs- und bewußtseinssteigernden »Zauber« für eine divinatorische Stunde gefesselt fühlte. Aber gleich, ob der Eingang von Rasps Heidelberg-Gedicht ein unwillkürliches Innehalten am eindrucksvollsten Ort oder eine mehr oder minder bewußte Wiederholung früherer und wahrnehmungsprägender Dichterblicke beschreibt –: in jedem Fall bestätigt er die geradezu entrückende Wirkung, die Hölderlins Heidelberg-Ode dem Blick von der Alten Brücke erstmals und zugleich auf unüberbietbare Weise zugeschrieben hat. Und jedenfalls überläßt sich der hier Einhaltende dem

Blick in die »pastellne«, kontemplativ stimmende »einfalt« des Neckartals und gerät – seine alltägliche Existenz »vergessend« – in eine meditative oder philosophische Distanz gegenüber der Stadt und dem Leben in ihr.

Aus der »einfalt« dieser meditativen Stimmung, die mit dem zweiten »vergessend« erneuert wird, kommt dem Betrachter, der wie ein »durchreisender« sich nun fühlt, die Frage, »wie denn die leute hier leben«. Sie stellt sich ihm – angezeigt durch das insistierende »denn« – mit einer fast unabweisbaren Dringlichkeit und nimmt einen geradezu indiskreten Charakter an. In dieser Form einem »passanten«, einem ebenfalls Durchreisenden oder gar einem Heidelberger Mitbürger gestellt, würde diese Frage, wie dem Meditierenden wohl bewußt ist, die Schicklichkeit, an die er sich gebunden fühlt, verletzen. Aber sie wäre nicht nur eine unschickliche, sondern auch ungemein gewichtige, kaum zu beantwortende Frage. Denn so, wie sie im Gedicht dann doch gedacht wird, zielt sie nicht nur auf die Beschaffenheit des alltäglichen Lebens, die dem Betrachter – wie die zweite Versgruppe zeigt – gut vertraut ist; sie zielt vielmehr auf jene – nicht näher benannten – Probleme des modernen Lebens, die uns alle immer wieder zu Hilf- und Ratlosen werden lassen; und sie fragt deswegen besorgt, welche Instanzen (»türme«) und Personen (»wer«) gegebenenfalls in der Lage wären, die Gefahren, die aus jenen Problemen erwachsen könnten, auszumachen. Alle diese Reflexionen werden in den beiden abschließenden Versen, die den Blick wieder auf den Fluß wenden und ihn – wie so oft seit Hölderlin – als Sinnbild des Lebens nehmen, zusammengefaßt und gesteigert zu der Frage nach der eigentlichen Beschaffenheit unseres Lebens, das da ebenso unergründlich wie alltäglich »gemeinhin« fließt.

So führt das Heidelberg-Gedicht von Andreas Rasp, das mit einer nachgerade ungläubig staunenden Bewahrheitung der poetisch vorgeprägten Heidelberg-Erfahrungen beginnt, zu Fragen, die das oben erwähnte »Heidelberg-Gefühl«, das sich auf der Alten Brücke so gerne einstellt, durch die leise Erinnerung an die kaum erahnbaren Gefahren des gegenwärtigen Lebens relativieren. Das ist zugleich auch eine Relativierung der alten Preislieder, die Heidelberg als Ort wahrhaft heimatlicher Aufgehobenheit verklärten. Aber so wenig dieses Gedicht in seinem ersten Teil diese Preislieder auf Heidelberg zu überbieten versucht, so wenig wendet es sich im zweiten und dritten Teil aggressiv gegen das von ihnen inaugurierte Heidelberg-Bild. In dieser doppelten Zurückhaltung liegt eine Bescheidenheit, die zugleich aber auch Größe ist und die gegenwärtige Bedeutung dieses Gedichts ausmacht: Aus der tatsächlichen Erfahrung eines längeren Lebens in Heidelberg entwickelt es gegenüber dieser Stadt eine Haltung, die bereit ist, deren fast unabweisbaren romantischen Zauber anzuerkennen, darüber aber das gewöhnliche Dasein nicht verachtet und die oft ratlos machenden Probleme des modernen Lebens nicht vergißt. Indem Rasp dieses moderne Heidelberg-Gefühl so kunstvoll leicht und unaufdringlich zur Sprache bringt, gelingt ihm ein scheinbar »kunstlos Lied« auf Heidelberg, wie es unserer Zeit angemessen ist.

ANHANG

ZITIERTE TEXTSTELLEN IM VORWORT
DES HERAUSGEBERS:

Die Auszüge aus Heinse und Goethe finden sich in den folgenden Ausgaben:

Johann Wolfgang von Goethe: Werke. Hrsg. im Auftrag der Großherzogin Sophie von Sachsen. Weimar: Böhler Nachf., 1902. Bd. 34 I, S. 260-264.

Wilhelm Heinse: Sämtliche Werke. Gesamtausgabe (in zehn Bänden). Hrsg. von Carl Schüddekopf. Leipzig: Insel, 1910. Bd. 10: Briefe II. Von der italiänischen Reise bis zum Tode. S. 18 f. (Brief vom 14. Juli 1780).

Das Heidelberg-Gedicht von Oswald von Wolkenstein und die Laudatio von Peter Luder finden sich in faksimilierter, übersetzter und kommentierter Form in dem unten aufgeführten Heidelberg-Buch von Elmar Mittler (S. 405 ff. bzw. S. 321 ff.), das auch einen instruktiven Überblick von Michael Buselmeier über die Heidel-berg-Dichtung enthält (S. 242-267).

Die am Ende zitierte Auskunft von General a. D. William Arthur Beiderlinden findet sich in ebendiesem Band (S. 501 f.).

LITERATUR:

Michael Buselmeier (Hrsg.): Heidelberg Lesebuch. Stadt-Bilder von 1800 bis heute. Frankfurt am Main 1986.

Michael Buselmeier: Literarische Führungen durch Heidelberg. Eine Kulturgeschichte im Gehen. Heidelberg 1991 (neu 1996).

Wilhelm Kühlmann / Hermann Wiegand (Hrsg.): Parnassus Palatinus. Humanistische Dichtung in Heidelberg und der alten Kurpfalz. Lateinisch-Deutsch. Heidelberg 1989.

Udo Benzenhöfer / Eva Erdmann (Hrsg.): »Dir schenken ein kunstlos Lied.« Heidelberg-Gedichte. O. O. 1985.

Klaus Manger / Gerhard vom Hofe (Hrsg.): Heidelberg im poeti-

schen Augenblick. Die Stadt in Dichtung und bildender Kunst.
Heidelberg 1987.

Albert Mays (Hrsg.): Heidelberg gefeiert von Dichtern und Den-
kern. Heidelberg 1994 (Neudruck der Ausgabe 1886).

X Elmar Mittler (Hrsg.): Heidelberg: Geschichte und Gestalt. Heidelberg 1996.

Bio-bibliographische Angaben

MARTIN OPITZ: VOM WOLFFSBRUNNEN BEY HEIDELBERG

Textvorlage:

Erstfassung (u/v-Schreibung hier normalisiert) nach Martin Opitz: Teutsche Poemata. Abdruck der Ausgabe von 1624 mit den Varianten der Einzeldrucke und späterer Ausgaben, hrsg. von Georg Witkowski. Halle/S. 1902. Unveränderter Nachdruck der 1. Auflage. Halle/S. 1967, S. 111 f.; die veränderte Fassung von 1625 mit allen Varianten leicht greifbar in: Martin Opitz: Gesammelte Werke. Kritische Ausgabe, hrsg. von Georg Schulz-Behrend. Bd. II, 2. Anton Hiersemann Verlag, Stuttgart 1979, S. 691 f.

Zur Biographie:

Das Wichtigste über Leben und Leistung von Martin Opitz sagt der interpretatorische Essay zu seinem Gedicht; genauer über das Gesamtwerk und die Lebensstationen des Dichters (nach Heidelberg: Leiden, Jütland, Siebenbürgen, Breslau, schließlich Polen) unterrichten Marian Szyrocki: Martin Opitz. München ²1974; Klaus Garber: Martin Opitz, in: Deutsche Dichter des 17. Jahrhunderts, hrsg. von Harald Steinhagen und Benno von Wiese. Berlin 1984, S. 116-184; Wilhelm Kühlmann: Martin Opitz. Deutsche Literatur und deutsche Nation. Herne 1991 (= Martin-Opitz-Bibliothek, Schriften I). – Zum Gedicht: Janis Little Gellinek: Die weltliche Lyrik des Martin Opitz. Bern/München 1973, S. 111-115; Rudolf Drux: Nachgeahmte Natur und vorgestellte Staatsform. Zur Struktur und Funktion der Naturphänomene in der weltlichen Lyrik des Martin Opitz, in: Naturlyrik und Gesellschaft, hrsg. von Norbert Mecklenburg. Stuttgart 1977, S. 33-45; Günter Häntzschel: »Die Keusche Venus mit den gelehrten Musis«. Martin Opitz in Heidelberg, in: Heidelberg im poetischen Augenblick, hrsg. von Klaus Manger und Gerhard vom Hofe. Heidelberg 1987, S. 45-81. – Zum Wolfsbrunnen: Franz Vogelsang: Der Wolfsbrunnen bei Heidelberg. Heidelberg 1965; Jürgen Blänsdorf, Dieter Janik, Eckart Schäfer: Bandusia. Quellen und

Brunnen in der lateinischen, italienischen und deutschen Dichtung der Renaissance. Stuttgart 1993; Michael Buselmeier: Literarische Führungen durch Heidelberg. Eine Kulturgeschichte im Gehen. Heidelberg 1991, S. 136-139.

Der Interpret:

Wilhelm Kühlmann, Dr. phil., geb. 1946, seit 1987 Professor für Neuere Deutsche Literaturgeschichte in Heidelberg; Verfasser zahlreicher Schriften zur deutschen Literatur des 16. bis 20. Jahrhunderts, insbesondere der frühen Neuzeit.

FRIEDRICH HÖLDERLIN: HEIDELBERG

Textvorlage:

Friedrich Hölderlin: Sämtliche Werke und Briefe. 3 Bände, hrsg. von Jochen Schmidt. Deutscher Klassiker Verlag, Frankfurt am Main 1992. Bd. 1: Gedichte, S. 242 f.

Zur Biographie:

Johann Christian Friedrich Hölderlin wurde 1770 in Lauffen am Neckar geboren, studierte – um Pfarrer werden zu können – von 1788 bis 1793 am Tübinger Stift Theologie und Philosophie, gleichzeitig mit den später ebenfalls bedeutenden Philosophen Georg Friedrich Wilhelm Hegel und Friedrich Wilhelm Joseph Schelling. Unter dem Eindruck der Freiheits- und Erneuerungsideen, die von der Französischen Revolution ausgingen, entfremdete sich Hölderlin aber von seinen früheren Idealen und Lebensplänen und wagte – zunächst von seinem Vorbild Schiller unterstützt – den Versuch, als Schriftsteller zu leben. Mehrfach nahm er, um ein Auskommen zu haben, Hofmeisterstellen (d. h. Erzieherstellen) bei vermögenden Herrschaften an, doch nirgendwo hielt es ihn lange. Zur Charakteristik von Hölderlins Leben gehören plötzliche Aufbrüche und Ortswechsel, die oft mit langen Wanderungen verbunden waren; einer solchen gehetzten Wanderung des »Heimatlosen« verdankt sich vermutlich auch die Heidelberg-Ode. Stationen seines Lebens waren – nach Tübingen – vor allem Jena, das im letzten

124

Jahrzehnt des 18. Jahrhunderts ein intellektuelles Zentrum war; das mütterliche Haus in Nürtingen; Frankfurt, wo Hölderlin als Hauslehrer bei dem Bankier Gontard in dessen »madonnenhaft« wirkender Frau Susette seine »Diotima« fand – und deswegen vom Herrn des Hauses hinausgeworfen wurde; Hauptwil bei St. Gallen und Bordeaux, wo Hölderlin sich wieder als Hauslehrer versuchte; Homburg, wo ihm sein Freund Sinclair eine fingierte und aus eigener Tasche bezahlte Bibliothekarsstelle zukommen ließ. Ab 1800 zeigten sich Symptome einer geistigen Verstörung; 1806 wurde Hölderlin als geisteskrank ins Tübinger »Clinicum« eingeliefert; von 1808 bis zu seinem Tod im Jahr 1843 lebte er, geistig umnachtet, unter der Obhut des Tischlermeisters Zimmer, der Hölderlins ›Hyperion‹ bewunderte, im Turm von Zimmers Tübinger Haus am Neckar. Sein Werk, das antike Formen und Stoffe erneuert und auf die eigene Zeit bezieht, nimmt zwischen Klassik und Romantik eine eigenartige Stellung ein und gilt als herausragende dichterische Manifestation des deutschen Idealismus. – In Heidelberg war Hölderlin mehrfach, doch ist ungewiß, wie oft und für wie lange jeweils. Anläßlich seines ersten Besuchs in Heidelberg schrieb er am 3. Juni 1788 an seine Mutter: »Die Stadt gefiel mir außerordentlich wohl. Die Lage ist so schön, als man sich je eine denken kann. Auf beiden Seiten und am Rücken der Stadt steigen steile waldichte Berge empor, und auf diesen steht das alte, ehrwürdige Schloß – Ich stieg auch hinauf, und machte eine Wallfahrt zu dem berühmten Heidelberger Faß, dem Symbol so manches Zechers, dem Bonmot so manches Trinklieds. Es ist wirklich so groß, daß man oben ganz bequem herumtanzen kann. Es sind Schranken auf ihm, daß man ohne Gefahr darauf gehen kann. Aber das kann ich versichern, daß ein Fall von seiner Höhe mir eben so unangenehm wäre, als aus meinem Klosterfenster. Merkwürdig ist auch die neue Brücke daselbst.« – Zur Entstehung der Heidelberg-Ode schreibt Jochen Schmidt im Kommentar zu der oben genannten Ausgabe: »Auch später [d. h. nach dem ersten Besuch im Juni 1788] kam er gelegentlich nach Heidelberg, so daß man den Anstoß zur poetischen Verklärung der Stadt nicht einem bestimmten Aufenthalt zuschreiben kann. Der handschriftliche Entwurf allerdings enthält eine historisch fixierbare Erinnerung. Am Ende der 5. Strophe des

Entwurfs bezeichnet sich Hölderlin als ›vertriebenen Wanderer / Der vor Menschen und Büchern floh‹. Das bezieht sich mit großer Wahrscheinlichkeit auf die fluchtartige Abreise aus Jena im Jahr 1795. Wohl wegen des allzupersönlichen Charakters ließ Hölderlin später diesen Passus weg.« Die Vollendung der Ode ist auf den Sommer des Jahres 1800 zu datieren.

Die Interpretin:

Ulla Hahn, Dr. phil., geb. 1946, Studium der Literaturwissenschaft, Geschichte und Soziologie in Köln und Hamburg, Lehrbeauftragte an verschiedenen Universitäten, ab 1979 Redakteurin in der Kulturabteilung von Radio Bremen, lebt heute als freie Schriftstellerin in Hamburg. Ulla Hahn hat seit 1981 mehrere vielbeachtete Gedichtbände (insbesondere ›Herz über Kopf‹, 1981, ›Spielende‹, 1983, ›Unerhörte Nähe‹, 1988, ›Epikurs Garten‹, 1995) sowie einen Roman (›Ein Mann im Haus‹, 1991) veröffentlicht und wurde mit zahlreichen Preisen ausgezeichnet, 1985 mit dem Hölderlin-Preis der Stadt Bad Homburg. 1994 hatte sie die Poetik-Dozentur in Heidelberg inne.

JOHANN WOLFGANG GOETHE: GINGO BILOBA

Textvorlage:

Johann Wolfgang Goethe: Sämtliche Werke. Briefe, Tagebücher und Gespräche. Frankfurter Ausgabe, I. Abteilung, Band 3/I, West-Östlicher Divan. Hrsg. von Hendrik Birus. Deutscher Klassiker Verlag, Frankfurt am Main 1994, S. 78 f.

Zur Biographie:

Johann Wolfgang von Goethe, geboren 1749 in Frankfurt am Main, gestorben 1832 in Weimar, kam zu insgesamt acht Besuchen nach Heidelberg. Zweimal nahm er Quartier bei der »mütterlichen Freundin« Demoiselle Delph, einer Handelsjungfer, die am Marktplatz (heute Hauptstraße 196) wohnte. Goethes zweiter Aufenthalt im Jahr 1775 gewann schicksalhafte Bedeutung für sein folgendes Leben: Von Heidelberg aus folgte er der Einladung des jungen Herzogs Carl August nach Weimar, nachdem ihn – als er eigentlich schon auf dem Weg nach Italien war – die verspätete Kutsche des Weimarischen Hofs eingeholt hatte. Bei seinen beiden letzten Besuchen im Herbst der Jahre 1814 und 1815 war er jeweils für einige Wochen Gast im Palais der Brüder Melchior und Sulpiz Boisserée (heute Germanistisches Seminar der Universität, Hauptstraße 207-209) und studierte deren umfangreiche Sammlung altdeutscher Malerei. – Die vollständige Fassung des Gedichts ›Gingo Biloba‹ entstand wahrscheinlich am 27. September in Heidelberg. In der heute im Goethe-Museum Düsseldorf liegenden Reinschrift mit den beiden von Goethe selbst aufgeklebten Gingko-Blättern wurde es jedoch von Goethe auf den 15. September 1815 zurückdatiert, vermutlich weil er an diesem Tag auf der Gerbermühle anhand eines aus der Stadt mitgebrachten Gingko-Blattes ein erstes Konzept entwickelte, freilich noch nicht in lyrischer Form. In ein Gedicht wurde die »prosaische Auslegung« der Symbolik des Blattes erst nach dem von Marianne beschriebenen Erlebnis auf dem Heidelberger Schloß übersetzt und den Freunden einen Tag nach der Abreise der Willemers als Anlage eines Briefs an Anna Rosine Magdalene Städel, geb. Willemer, vom 27. September 1815 geschickt. – Zu Marianne von Willemer, der Goethes Gedicht galt, vgl. die folgende biographische Notiz.

Die Interpretin:
Anja Höfer, geb. 1971, studiert in Heidelberg Germanistik und Philosophie.

MARIANNE WILLEMER: DAS HEIDELBERGER SCHLOSS

Textvorlage:
Die hier wiedergegebene ursprüngliche Fassung des Heidelberg-Gedichts folgt dem Abdruck in: Marianne und Johann Jakob Willemer: Briefwechsel mit Goethe. Dokumente, Lebens-Chronik, Erläuterungen. Hrsg. von Hans-J. Weitz. Insel Verlag, Frankfurt am Main 1965 (Revidierte Neuausgabe 1986): Nr. 136, S. 157f. (vgl. auch die spätere Fassung dortselbst S. 660f.). – Die

ausführlichste Würdigung des Gedichts ist Klaus Manger zu danken: Der westöstliche Garten. Marianne von Willemer, ihr Gedicht ›Das Heidelberger Schloß‹ und Goethe. In: Heidelberg im poetischen Augenblick. Hrsg. v. Klaus Manger u. Gerhard vom Hofe. Heidelberg 1987, S. 175-213. – Die eingangs erwähnte Form der Gedächtniswanderung, wie sie sich mustergültig in Dantes ›Divina Commedia‹ findet, wurde von Harald Weinrich anläßlich seiner Heidelberger Ehrenpromotion verdeutlicht (vgl. Harald Weinrich: Memoria Dantis. In: Heidelberger Jahrbücher XXXVIII [1994], S. 183-199). – Der zitierte Bericht Mariannes an Emilie Kellner ist nachzulesen in Emilie Kellners Buch ›Goethe und das Urbild seiner Suleika‹, Leipzig 1876.

Zur Biographie:

Marian[n]e von Willemer wurde vermutlich am 20. November 1784 in (oder in der Umgebung von) Linz als uneheliche Tochter der Schauspielerin Maria Anna Elisabeth Pirngruber geboren, die 1788 den Schauspielleiter und Instrumentenmacher Joseph Georg Jung heiratete. Schon als Achtjährige wurde sie in Literatur, Sprachen und Schauspielkunst eingeführt. Mit der Truppe des Ballettmeisters Traub kamen Mutter und Tochter 1798 nach Frankfurt am Main. Dort sah Clemens Brentano, an der Seite der Frau Rat Goethe, Marianne als Harlekin aus dem Ei schlüpfen, wie er ihr und sich in der Zueignung seines Märchens ›Gockel, Hinkel und Gackeleia‹ in Erinnerung ruft. Der verwitwete Geschäftsmann Johann Jakob (seit 1818: von) Willemer nahm sie nach Absprache mit der Mutter im Jahre 1800 als Pflegetochter in sein Haus, ließ sie mit seinen Töchtern erziehen und künstlerisch ausbilden. Nach der Verheiratung seiner Töchter nahm Willemer sie am 27. September 1814 zur Frau. Kurz zuvor lernte Goethe sie während seiner Reise an Rhein, Main und Neckar kennen und verkehrte mit dem altjungen Paar in Frankfurt und auf der Gerbermühle, dem Landsitz der Willemers. Während der zweiten Reise in die Rhein-, Main-, Neckar-Gegend und des erneuten Aufenthalts bei Willemers in der Gerbermühle und im Frankfurter Stadthaus entstanden in den Spätsommerwochen 1815, beflügelt durch die wechselseitige Liebe Goethes und Mariannes, die meisten Suleika-Lieder des ›West-östlichen Divan‹. In Heidelberg traf Goethe in den Tagen vom 23. bis 25. September noch einmal mit Willemers zusammen. Eine dritte Reise an den Rhein und Main im Juli 1816 brach Goethe nach einem von ihm als zeichenhaft empfundenen Unfall seines Wagens ab. Nach der letzten Heidelberger Begegnung haben sich Goethe und Marianne nicht wiedergesehen. Statt der offenkundig vermiedenen Wiederbegegnung entwickelte sich ein langjähriger freundschaftlicher Briefwechsel. Marianne von Willemer starb am 6. Dezember 1860 in Frankfurt. Ihren Mann hat sie um 22 Jahre überlebt. Das Geheimnis, daß die Gedichte vom Ost- und Westwind aus dem ›West-östlichen Divan‹ ursprünglich von ihr stammen und andere Suleika-Gedichte von ihr inspiriert sind, hat sie erst wenige Jahre vor ihrem Tode Herman Grimm verraten und dieser erst nach ihrem Tode in seinem Aufsatz ›Goethe und Suleika‹ (1869) bekanntgegeben (Im Namen Goethes. Der Briefwechsel Marianne von Willemer und Herman Grimm. Hrsg. u. eingel. von Hans Joachim Mey. Frankfurt am Main 1988). Es machte ihr nichts aus, »in Schweigen zu verharren, wenn sie ihre Lieder in Schuberts und Mendelssohns Vertonung singen und als schönste Lyrik Goethes preisen hörte, es sich zu versagen, sich mit dem Lorbeer zu schmücken, würdige Dichtergefährtin Goethes zu sein. Ganz still, für sich allein genoß sie das Glück: ›Das ist mein‹.« (Paul Kühn: Die Frauen um Goethe. Weimarer Interieurs. Bd. II. Leipzig [o. J.], S. 454 f.).

Der Interpret:

Dieter Borchmeyer, Dr. phil., geb. 1941, seit 1988 Professor für Neuere Deutsche Literatur und Theaterwissenschaft in Heidelberg; Verfasser zahlreicher Schriften insbesondere über die Weimarer Klassik, Richard Wagner und die Literatur des 19. und 20. Jahrhunderts.

Textvorlage:

Handschrift im Staatsarchiv des Kantons Basel-Stadt (Abdruck mit freundlicher Genehmigung der Jacob-Burckhardt-Stiftung Basel / Prof. Marc Sieber); der Titel des Gedichts wurde vom Herausgeber hinzugefügt.

Zur Biographie:

Jacob Burckhardt wurde am 25. Mai 1818 als Sohn eines evangelischen Geistlichen in Basel geboren. Die Burckhardts gehörten zu den führenden Familien der Stadt. Auf Anregung des Freiburger Historikers Heinrich Schreiber beschäftigte sich Jacob Burckhardt bereits während seiner Schulzeit mit historischen Quellen. Er begann in Basel ein Theologiestudium, wechselte aber 1839 nach Berlin, wo er bei Leopold Ranke mittelalterliche Geschichte, bei Franz Kugler Kunstgeschichte studierte. Seine Neigungen zur Poesie förderte ein Sommersemester an der Universität Bonn, da er sich hier mit dem jungdeutschen Dichter Gottfried Kinkel anfreundete. 1843 kehrte er nach Basel zurück, das er nur noch für längere Reisen, vor allem nach Italien, und 1856/57 für eine Professur in Zürich verlassen sollte. Nach Heidelberg kam Burckhardt nur auf der Durchreise. – Berühmt wurde Burckhardt durch sein Buch über ›Die Cultur der Renaissance in Italien‹ (1860) und seine Vorlesungen als Professor für Geschichte und Kunstgeschichte an der Universität Basel. Da er – zunehmend konservativ gesonnen und gegenüber dem Fortschrittsdenken des 19. Jahrhunderts skeptisch – sich weigerte, weitere Schriften zu veröffentlichen, machten erst die aus dem Nachlaß publizierten Vorlesungen (vor allem die ›Weltgeschichtlichen Betrachtungen‹ und die ›Griechische Kulturgeschichte‹) sowie sein umfangreiches Briefwerk seinen Rang als Gelehrter, als Schriftsteller und als Diagnostiker der Zeit bekannt. – Am 8. August 1897 starb Burckhardt in Basel.

Der Interpret:

Heinz Schlaffer, Dr. phil., geb. 1939, Professor für Neuere Deutsche Literatur in Stuttgart; sein Hauptthema ist das Nachleben der Antike (vgl. sein Buch ›Poesie und Wissen‹, 1990).

GOTTFRIED KELLER: SCHÖNE BRÜCKE ...

Textvorlage:

Gottfried Keller: Sämtliche Werke. Hrsg. von Jonas Fränkel und Carl Helbling. Benteli Verlag, Bern 1949. Bd. 15 II, S. 3. Das Gedicht wurde von Keller im Spätherbst 1849 ohne Titel auf einem Briefbogen notiert und ist erst als Bestandteil des Nachlasses publiziert worden. In einigen früheren Heidelberg-Anthologien erscheint es unter dem Titel ›Die Brücke‹.

Zur Biographie:

Gottfried Keller, bekannt vor allem durch seine Novellen-Zyklen ›Die Leute von Seldwyla‹ und ›Züricher Novellen‹ sowie durch seinen autobiographischen Roman ›Der grüne Heinrich‹, wurde 1819 in Glattfelden bei Zürich geboren und starb 1890 in Zürich, wo er von 1861 bis 1876 als erster Staatsschreiber tätig gewesen war. – In Heidelberg, wo er von 1848 bis 1850 studierte, wohnte er am Neckarstaden 62. Jenseits des Neckars wohnte, ziemlich genau gegenüber, in der Neuenheimer Landstraße 18 Johanna Kapp, Tochter des Philosophen Christian Kapp, der als radikal-demokratischer Politiker eine gewisse Rolle in der parlamentarischen Bewegung jener Zeit spielte. – Das Gedicht ›Schöne Brücke‹ schrieb Keller 1849, nachdem Johanna Kapp seine Werbung abgelehnt und ihm mitgeteilt hatte, daß sie sich von dem Philosophen Ludwig Feuerbach angezogen fühle.

Der Interpret:

Arnfrid Astel, geb. 1933, naturwissenschaftliche und literarische Studien in Freiburg und Heidelberg, seit 1967 Rundfunkredakteur in Saarbrücken. Ab 1959 gab Astel in Heidelberg die ›Lyrischen Hefte‹ heraus. Aufsehen erregten seine epigrammartigen

Gedichte, die oft auch brisanten Themen des politischen Geschehens galten; bemerkenswert sind aber auch seine Gedichte, in denen er Natur und Mythologie zusammenbringt.

Textvorlage:

Joseph von Eichendorff: Werke. Hrsg. von Wolfgang Frühwald u. a. Deutscher Klassiker Verlag, Frankfurt am Main 1987 ff. Bd. 1: Gedichte, Versepen. Hrsg. von Hartwig Schultz (1987), S. 675 f. Das Gedicht ist ein Teil von ›Robert und Guiscard‹; die Überschrift ›Einzug in Heidelberg‹, die den letzten Vers des Gedichts zitiert, wurde aus dem ›Heidelberg Lesebuch‹ von Michael Buselmeier übernommen. – Ferner wurde verwendet: Bd. 5: Tagebücher. Autobiographische Schriften. Historische und politische Schriften. Hrsg. von Hartwig Schultz (1993); das Zitat aus Theodor Storms Brief an Paul Heyse wurde entnommen aus: Clifford Albrecht Bernd (Hrsg.): Theodor Storm – Paul Heyse. Briefwechsel. Kritische Ausgabe. Erster Band: 1853-1875. Berlin 1969, S. 24.

Zur Biographie:

Joseph Karl Benedikt Freiherr von Eichendorff wurde 1788 auf Schloß Lubowitz bei Ratibor in Oberschlesien geboren. Er entstammte einer katholischen Aristokratenfamilie, die ihm und seinem Bruder Wilhelm, zu dem er ein enges Verhältnis hatte, seit 1805 das Jurastudium ermöglichte. Nach einem Jahr in Halle, wo beide bei Henrik Steffens und Friedrich Schleiermacher studierten und erstmals mit den Ideen der Romantik in Berührung kamen, zogen sie nach Heidelberg. Eichendorffs Tagebuchaufzeichnungen von 1798 bis 1815 sind erhalten. Zum 17. Mai 1807 schrieb er: »Endlich um 4 Uhr Morgens fuhren wir durch das schöne Triumphthor [heute: Karlstor] in Heidelberg ein, das eine über alle unsere Erwartung unbeschreiblich wunderschöne Lage hat. [...] Links überschaut von dem Abhange eines Berge die alte Pfalzburg, gewiß die größte u. schönste Ruine Deutschlands majestätisch die gantze Stadt. [...] Nachmittags bestieg ich zum erstenmale den heiligen Berg [gemeint ist der Heiligenberg], [...] u. [...] genoß [...] die himmlischste Aussicht gantz unten auf die gantze Stadt, vor mir auf eine unendlich schimmernde Ebne.« Eichendorff hörte bei Joseph Görres Vorlesungen über Ästhetik und Philosophie. Die ersten Heidelberger Begegnungen mit den beiden anderen Hauptgestalten der Heidelberger Romantik, Clemens Brentano und Achim von Arnim, sind eher flüchtig zu nennen. Der Neunzehnjährige schloß sich statt dessen dem kleineren, an der Lyrik des Novalis und des Schlegel-Tieck-Kreises orientierten Literatenzirkel um Otto Heinrich Graf von Loeben an. Zwischen den beiden Dichtern entstand ein Sonettendialog, in dem Loeben als »Isidorus Orientalis« und Eichendorff als »Florens« auftraten. 1808 fand die Heidelberger Studienzeit ein Ende. (Sie ist in der wohl 1857 entstandenen, als Memoiren-Kapitel geplanten Schrift ›Halle und Heidelberg‹ beschrieben). Eichendorff näherte sich – dem Einfluß Loebens entzogen – nun doch jenem ›artistischen Volkston‹ an, den von Arnim und Brentano mit ihren eigenen Gedichten und mit ihrer Liedersammlung ›Des Knaben Wunderhorn‹, die 1806-08 in Heidelberg entstanden war, geprägt hatten. Mit beiden stand Eichendorff im folgenden Studienjahr in Berlin in engerem Kontakt. Nachdem er lange Zeit zwischen »Poesie und Jurisprudenz« geschwankt hatte, entschied er sich 1809 für letztere, sicherlich auch aufgrund der verschlechterten finanziellen Situation seiner Familie. Die Brüder beendeten ihr Studium 1812 in Wien, um in den österreichischen Staatsdienst eintreten zu können. Nach der Teilnahme an den ›Befreiungskriegen‹ und nach seiner Hochzeit mit Aloysia von Larisch (1815) nahm Eichendorff preußische Dienste an und hatte Ämter in verschiedenen Ministerien und Städten inne. Seine berufliche Lage blieb aber zeitlebens schwierig, was nicht zuletzt aus der Situation der katholischen Minderheit in Preußen resultierte. 1841 erfolgte endlich die Ernennung zum Geheimen Regierungsrat, eine ihm angemessene Position, aus der er jedoch bereits 1844 in den Ruhestand versetzt wurde, wohl aufgrund einer neuen, ihm ungünstigen politischen Stimmung. Den bekannteren Publikationen (1818 ›Das Marmorbild‹; 1826 ›Aus dem Leben eines Taugenichts‹; 1837 ›Gedichte‹) folgten von 1830 an, als Europa erneut von Revolutionen erschüttert wurde, auch Werke mit historisch-politischem Bezug wie ›Robert und Guiscard‹, mit denen Eichendorff zugleich die Form des Versepos in Deutschland wiederbeleben wollte. Das Lesepublikum empfand seine religiös getragene Geschichtsauffassung, zumal in ihrer romantischen Verbrämung, als unzeitgemäß – wie er sich denn selbst zeitlebens als ein ›Zu-Spät-Geborener‹ gefühlt hatte. Eichendorff starb 1857 im schlesischen Neisse.

Die Interpretin:

Sabine Franke, geb. 1970, studiert in Heidelberg Germanistik und Anglistik.

JOSEPH VICTOR (VON) SCHEFFEL: ALT-HEIDELBERG

Textvorlage:

Joesph Victor Scheffel: Der Trompeter von Säkkingen. Ein Sang vom Oberrhein. Stuttgart 1854, S. 31 f. Das Lied, das sich später unter dem Titel ›Alt-Heidelberg‹ eingebürgert hat, wurde 1854 erstmals veröffentlicht: als Bestandteil des Versepos ›Der Trompeter von Säkkingen‹. Es findet sich dort ohne Titel, aber optisch durch Einrückung und Anführungszeichen hervorgehoben.

Zur Biographie:

Joseph Victor Scheffel (seit 1876: von Scheffel) ist am 16. Februar 1826 in Karlsruhe als Sohn eines Majors a. D. und Oberbaurats geboren und am 9. April 1886 daselbst gestorben, wenige Monate vor der 500-Jahr-Feier der Universität Heidelberg, für die er noch ein Festlied geschrieben hatte. Einen neuen Einblick in Leben und Werk gibt Günther Mahal: Joseph Victor von Scheffel. Versuch einer Revision. Karlsruhe 1986.

Der Interpret:

Michael Buselmeier, geb. 1938, Studium der Germanistik und Kunstgeschichte in Heidelberg, Ausbildung zum Schauspieler, aktiv in der Heidelberger Studentenbewegung um 1968, lebt als freier Autor in Heidelberg; Essayist und Verfasser eines umfangreichen poetischen Werks, in dem immer wieder auch Heidelberg thematisiert wird (insbesondere in ›Der Untergang von Heidelberg‹, Roman, 1981; ›Schoppe. Ein Landroman‹, 1989; ›Erdunter‹, Gedichte, 1992); Herausgeber von ›Heidelberg Lesebuch. Stadt-Bilder von 1800 bis heute‹ (Frankfurt am Main 1986, insel taschenbuch 913) und Verfasser von ›Literarische Führungen durch Heidelberg. Eine Kulturgeschichte im Gehen‹ (Heidelberg 1991, erweiterte Neuauflage 1996).

KAISERIN ELISABETH VON ÖSTERREICH, GEN. SISSI: HEIDELBERG

Textvorlage:

Kaiserin Elisabeth: Das poetische Tagebuch. Hrsg. von Brigitte Hamann. Verlag der österreichischen Akademie der Wissenschaften, Wien 1984, S. 52. Das ›Poetische Tagebuch‹ enthält die Gedichte der Kaiserin vom Januar 1885 bis Ende des Jahres 1888. Von den ersten beiden Teilen des Tagebuchs, den ›Nordseeliedern‹, zu denen auch das Gedicht ›Heidelberg‹ gehört, und den ›Winterliedern‹, hatte Kaiserin Elisabeth Privatdrucke anfertigen lassen. Das vollständige Manuskript aller Gedichte befindet sich im Bundesarchiv Bern.

Zur Biographie:

Kaiserin Elisabeth, die auch unter dem Namen Sissy bekannt ist, wurde 1837 in München als Prinzessin Elisabeth Amalie Eugenie von Bayern geboren und 1854 mit Kaiser Franz Joseph I. von Österreich vermählt. Sie konnte sich jedoch am Wiener Hof nicht einleben und hielt sich meist andernorts auf, besonders gerne auf Schloß Miramar bei Triest und später auf Schloß Achilleion auf Korfu, das 1890 eigens für sie erbaut wurde. Die Kaiserin neigte zur Melancholie, weswegen ihre Tochter Marie Valéry ihr 1884 empfahl, wie in ihrer Jugend wieder zu dichten. Die Mutter folgte diesem Rat, konnte ihr Dichten aber nach dem Tod des Kronprinzen Rudolf 1889 nicht mehr fortsetzen. Am 10. September 1898 wurde Kaiserin Elisabeth am Genfer See von einem italienischen

Anarchisten erdolcht. – Literatur: Brigitte Hamann: Elisabeth, Kaiserin wider Willen. Wien 1981; Erich Graf Kielmannsegg: Kaiserhaus, Staatsmänner und Politiker. Wien, München 1966.

Die Interpretin:

Hannelore Schlaffer, Dr. phil., geb. 1939, Professorin für Neuere Deutsche Literaturwissenschaft in Freiburg; Essayistin und Verfasserin zahlreicher Schriften, vor allem zur Klassik und Romantik.

ALEXANDER VON BERNUS: STIFT NEUBURG

Textvorlage:

In Memoriam Alexander von Bernus. Ausgewählte Prosa aus seinem Werk. Hrsg. von Otto Heuschele. Verlag Lambert Schneider, Heidelberg 1966, S. 39 f.

Zur Biographie:

Alexander von Bernus wurde am 6. Februar 1880 in Äschach bei Lindau am Bodensee geboren, als Sohn des bayerischen Majors August Grashey und seiner Ehefrau Johanna, geb. Freiin von Bernus. Ihr Bruder, Friedrich Alexander Freiherr von Bernus, und dessen Ehefrau Helene adoptierten ihn als Kleinkind. Seine ersten sechs Lebensjahre verlebte er in England. 1885 zogen die Adoptiveltern nach Heidelberg, später nach Stift Neuburg in Ziegelhausen bei Heidelberg, wo schon ihre Vorfahren gelebt hatten. Nach dem Besuch des Gymnasiums wurde Bernus Fahnenjunker und aktiver Leutnant bei den Leibdragonern in Karlsruhe. Er quittierte den Dienst, um ab 1902 in München Literatur und Philosophie zu studieren. 1907 gründete er die ›Schwabinger Schattenspiele‹. Seit dieser Zeit veröffentlichte er Gedichte und Prosa, später auch zahlreiche Übersetzungen, vor allem englischer Lyriker (Blake, Keats, Shelley, Rossetti, Swinburne, Morris), sowie Schriften über Alchimie, Heilkunst und Kräuterkunde. 1902 heiratete er Adelheid von Sybel. Nach der Scheidung 1911 wurde die Baltin Imogen von Glasenapp seine zweite Frau. Nach dem tragischen Tod des achtjährigen Sohns wendete Bernus sich der Anthroposophie und paracelsischen Studien zu. Nach dem Verkauf von Stift Neuburg richtete er auch in Stuttgart, später auf Schloß Donaumünster bei Donauwörth alchimistische Laboratorien unter dem Signet ›Soluna‹ ein, von wo aus er iatrochemische und spagyrische Remedien auf den Markt brachte. Bernus starb am 6. März 1965.

Der Interpret:
Horst Meller, Dr. phil., geb. 1936, Professor für Englische Philologie in Heidelberg; zahlreiche Veröffentlichungen zur amerikanischen und englischen Literatur. Sein Hauptinteresse gilt der Renaissance, der englischsprachigen Lyrik sowie deren Übersetzungen ins Deutsche.

GERTRUD VON LE FORT: BESTANDENES SCHICKSAL

Textvorlage:
Gertrud Freiin von le Fort: Bestandenes Schicksal – An das Heidelberger Schloß. Nach dem Erstabdruck in: Ruperto Carola. Mitteilungen der Freunde der Studentenschaft der Universität Heidelberg e. V., Nr. 6 (Juni 1952), S. 4. Abdruck mit freundlicher Genehmigung von Eleonore von La Chevallerie. – Der Hinweis auf den schwedischen Schriftsteller Stig Dagerman bezieht sich auf dessen Buch ›Deutscher Herbst. Reiseschilderung‹. Aus dem Schwedischen von Jörg Scherzer. Suhrkamp Verlag, Frankfurt am Main 1987, S. 21 ff.

Zur Biographie:
Gertrud von le Fort, die einer alten protestantischen Emigrantenfamilie entstammt, wurde 1876 in Minden geboren. Aufgrund ihrer ersten Gedichtpublikationen wurde ihr, die nach einer größtenteils in Privatunterricht erworbenen Ausbildung kein Abitur besaß, die Erlaubnis erteilt, an der Universität Heidelberg Vorlesungen zu hören, was sie in den Jahren 1908-1914 oft als »einzige weibliche Hörerin« tat. Sie belegte Veranstaltungen in Geschichte, Kunstgeschichte, Kirchengeschichte, Philosophie und Theologie,

wobei ihr der Theologe und Philosoph Ernst Troeltsch zum wichtigsten Lehrer und Freund wurde. Karl Jaspers begegnete sie ebenso wie Marianne Weber, Friedrich Gundolf und Stefan George, dem sie allerdings zurückhaltend gegenüberstand. Die Heidelberger Zeit beschrieb sie später als »die wichtigste und entscheidendste Etappe« ihres Lebens. Nirgends sonst, auch nicht bei weiteren Studienaufenthalten in Marburg und Berlin, hatte sie ein »geistiges Heimatgefühl« wie in Heidelberg. Hier formte sich le Forts Bedürfnis nach einem die Konfessionen vereinigenden christlichen Bekenntnis, und in diesem Sinne verstand sie auch ihre Konversion zum Katholizismus im Jahr 1926. In der folgenden Zeit entstanden ihre wichtigsten Werke: Romane, Erzählungen, Novellen und Lyrik. Heidelberg ist in den zweiten Teil des Gegenwartsromans ›Das Schweißtuch der Veronika‹, den ›Kranz der Engel‹, als ein in vielerlei Hinsicht bedeutsamer Ort eingegangen. Gertrud von le Fort gilt, wiewohl sie von der Kirche kritisiert wurde, als Vertreterin einer modernen christlichen Literatur. Ihre Werke bemühen sich, meist in historischen Stoffen, um die Vermittlung der christlichen Glaubensideale als Voraussetzung für eine ewige Weltordnung, wobei diese Ideale von vorwiegend weiblichen Hauptfiguren gegen eine gottfeindliche Umwelt verteidigt werden. Le Fort starb 1971 in Oberstdorf. – Das Gedicht entstand im Jahr 1950, nach Gertrud von le Forts letztem Besuch in Heidelberg. Mit dem Schloß und seiner Geschichte war sie gut vertraut. Schon 1908 hatte sie sich anläßlich einer Vorlesung Arthur Peltzers intensiv damit beschäftigt, zu einer Zeit, als die Diskussion, ob das Schloß wieder aufgebaut werden sollte, erneut im Gange war.

Der Interpret:

Volker Braun, geb. 1939 in Dresden, mußte zunächst in der industriellen Produktion arbeiten, bevor er in Leipzig Philosophie studieren durfte. Seit den sechziger Jahren ist er als Schriftsteller tätig. In Theaterstücken, Prosaschriften und Gedichten hat er die gesellschaftliche und politische Entwicklung der beiden Teile Deutschlands reflektiert. Mit seinen Büchern ›Unvollendete Geschichte‹, 1977, ›Hinze-Kunze-Roman‹, 1985, und ›Die Übergangsgesellschaft‹, 1987, in denen er trotz einer kritischen Haltung gegenüber der DDR die Hoffnung auf einen sozialistischen ›dritten Weg‹ nicht aufgab, gilt er als einer der bedeutendsten Vertreter der DDR-Literatur. Seine zuletzt erschienenen Texte beschäftigen sich mit der Wendezeit und mit den Problemen der modernen Industriegesellschaften. Er erhielt zahlreiche Literaturpreise, darunter den Heinrich-Mann-Preis (1980) und den Schiller-Gedächtnispreis des Landes Baden-Württemberg (1992). 1996 hatte Volker Braun die Heidelberger Poetik-Dozentur inne.

ANDREAS RASP: HEIDELBERG

Textvorlage:

Lyrische Hefte / Zeitschrift für Gedichte, 3. Jahrgang, Nr. 10 (November 1961). Hrsg. von Arnfrid Astel. Heidelberg 1961, S. 10. Abdruck mit freundlicher Genehmigung von Andreas Rasp.

Zur Biographie:

Andreas Rasp ist 1921 in Berlin geboren, ging 1937 ins Exil nach London, kehrte 1952 nach Deutschland zurück und lebt seit 1955 in Heidelberg. Bis 1984 arbeitete er als Englischlehrer am Englischen Institut. Lyriker, Übersetzer, Maler. Einige seiner Gedichte erschienen in den o. g. ›Lyrischen Heften‹, zumeist unter dem Pseudonym Andreas Baumgärtner.

Der Interpret:

Helmuth Kiesel, Dr. phil., geb. 1947, seit 1990 Professor für Neuere Deutsche Literaturgeschichte in Heidelberg; Schriften zur Literatur der Aufklärungszeit und des 20. Jahrhunderts; sein Hauptinteresse gilt der Entwicklung der literarischen Moderne.

Frankfurter Goethe-Museum/Freies Deutsches Hochstift, Frankfurt am Main: S. 40; Goethe-Museum, Düsseldorf: S. 8/9; Kurpfälzisches Museum der Stadt Heidelberg: S. 26/27, 50/51, 74/75, 90/91, 108/109; Literarische Gesellschaft Palais Boisserée: S. 34/35, 56; National Galleries of Scotland, Edinburgh (William Turner, Heidelberg, Sonnenuntergang, um 1842/43): Umschlagabbildung, (Heidelberg mit Regenbogen, um 1841): S. 20/21; Sammlung Günther Debon Neckargemünd: S. 66/67, 98/99; Anton von Werner (Titelblatt aus ›Gaudeamus! Lieder aus dem Engeren und Weiteren‹. Von Joseph Victor von Scheffel. Mit Illustrationen, Vignetten und Titelbild von Anton von Werner. Verlag von Adolf Bonz und Comp., Stuttgart 1885): S. 80.

Inhalt

ANHANG